乡贤文化丛书

乡贤文化丛书

大丈夫当扫除天下

——汝南乡贤陈蕃

卫绍生　廉朴　主编

卫绍生　著

中原出版传媒集团
中原传媒股份公司

大象出版社
·郑州·

图书在版编目(CIP)数据

大丈夫当扫除天下：汝南乡贤陈蕃／卫绍生著．—
郑州：大象出版社，2022．7
（乡贤文化丛书／卫绍生，廉朴主编．第二辑）
ISBN 978-7-5711-0832-8

Ⅰ．①大… Ⅱ．①卫… Ⅲ．①陈蕃（？-168）-生平
事迹 Ⅳ．①K827＝342

中国版本图书馆CIP数据核字(2020)第235318号

乡贤文化丛书
卫绍生 廉朴 主编
DAZHANGFU DANG SAOCHU TIANXIA
大丈夫当扫除天下
——汝南乡贤陈蕃
卫绍生 著

出 版 人 汪林中
总 策 划 郑强胜
责任编辑 司 雯
责任校对 牛志远
装帧设计 王莉娟

出版发行 大象出版社(郑州市郑东新区祥盛街27号 邮政编码450016)
发行科 0371-63863551 总编室 0371-65597936
网 址 www.daxiang.cn
印 刷 河南文华印务有限公司
经 销 各地新华书店经销
开 本 720 mm×1020 mm 1/16
印 张 10.5
字 数 131千字
版 次 2022年7月第1版 2022年7月第1次印刷
定 价 30.00元

印厂地址 新乡市获嘉县亢村镇工业园
邮政编码 453800 电话 0373-5969992 5961789

总序

“乡贤”，这一古老的称呼已经淡出人们的视野很久了。

党的十八大以来，乡贤重新进入人们的视野，成为人们热议的话题。中共中央、国务院2015年颁布的《关于加大改革创新力度加快农业现代化建设的若干意见》中明确指出，要“创新乡贤文化，弘扬善行义举，以乡情乡愁为纽带吸引和凝聚各方人士支持家乡建设，传承乡村文明”。在中共中央、国务院的文件里提到乡贤和乡贤文化，这应该是首次，它表明作为中国优秀传统文化重要组成部分的乡贤文化，既是传承乡村文明的重要内容，也是新时期农村文化建设的重要内容。但是，由于乡贤和乡贤文化淡出人们视线已久，在这一概念重新被提出来的时候，许多人并不明白什么是乡贤，什么是乡贤文化，更不知道如何传承和弘扬乡贤文化。鉴于此，有必要对乡贤称谓、乡贤之说的起源、乡贤对中国乡村的作用与意义、乡贤文化包含哪些内容等，作简要回答。

何谓乡贤？按照通常的解释，乡贤是指那些道德品行高尚同时又对乡村建设有过贡献的人。这里包含两个层面的意思：一是道德品行高尚，二是对家乡建设作出过贡献。但如果仅仅是道德品行高尚，满足于个人修身齐家、独善己身、洁身自好，很少关心乡里乡亲，很少对乡梓作出过贡献，那么，这样的人只能称为乡隐，而不能称为乡贤。乡贤既应是道德为人敬仰、行为堪称模范的人，更应是为家乡作出过一定贡献的人。不论是教书育人、传承文化、制定乡约、调解邻里矛盾，还是乐善好施、修桥铺路、接济乡人，举凡一切有益于乡里乡亲的事情，他们总是满腔热情，乐做善为。对乡村建设的贡献，是乡贤的必备条件。如果对家乡父老没有什么贡献可言，何以成为乡贤？看一看汉魏六朝出现的一些记述各地乡贤的著作，如《汝南先贤传》《陈留耆旧传》《襄阳耆旧记》《鲁国先贤传》《楚国先贤传》等，其中记载的各地乡贤，不仅在道德、学问、修养、名望等方面为人称颂，成为时人敬仰的楷模，而且都是对家乡作出过贡献的人。他们能入各种乡贤传，绝非浪得虚名。

乡贤之说起源于何时？乡贤很早就存在于中国的乡村，但乡贤之说却是在东汉中后期才逐渐流行起来的。东汉中后期，随着一些世家大族的崛起，各个郡国都热衷于撰写乡贤传记，表彰那些曾经为当地经济、社会、文化发展作出过贡献的贤人雅士。东汉以后，世家大族成为维持中国乡村社会稳定的重要力量，涌现出许多被后人称为乡贤的人物，他们对当时的社会，乃至对中国历史文化都产生了重要影响。作为乡村精英的乡贤，在乡村治理、乡村教育等方面可补政府治理之不足，发挥了政府无法起到的重要作用。一些人看到了乡贤对社会发展的积极作用，把所属郡国那些有影响的人物事迹记录下来，于是出现了所谓的“郡书”。唐代史学家刘知幾在谈到这类著作时说：“郡书者，矜其乡贤，美其邦族，施于本国，颇得流行；置于他方，罕闻爱异。其有如常璩之详审，刘昞之该博，而能传诸不朽、见美来裔者，盖无几焉。”（刘知幾：《史通》卷十《内篇·杂述》）刘知幾是较早关注到乡贤类著作的史学家，他认为，乡贤类著作都是“矜其乡贤，美其邦族”，因而在当地比较流行，而到了其他地方，知道的人就很少了。在谈到东汉史书繁盛的原因时，刘知幾再次提到了乡贤：“降及东京，作者弥众。至如名邦大都，地富才良，高门甲族，代多髦俊。邑老乡贤，竞为别录。家牒宗谱，各成私传。于是笔削所采，闻见益多。此中兴之史，所以又广于《前汉》也。”（刘知幾：《史通》卷九《内篇·烦省》）刘知幾虽然没有对乡贤作出解释，但他把“邑老乡贤”与“高门甲族”相提并论，表明他已经把“邑老乡贤”与“高门甲族”放在同一个层级上，充分肯定了“邑老乡贤”的历史地位与作用。

乡贤对中国乡村有怎样的作用与意义呢？乡贤在乡村建设中的作用是多方面的。他们不仅热衷于乡村治理和乡村教育，而且乐善好施、造福乡里。乡贤一般都是受过良好教育的人，他们是乡里有知识、有影响的人物，经济实力往往要比一般村民好一些。他们有能力也有意愿造福桑梓，所以常常在乡村建设上主动作为，只要是力所能及，他们一般不会推辞。在乡村治理方面，乡贤往往身兼管理者、参与者、协调者等多重角色，必要的时候，他们也可以发挥上情下达或下情上传的作用，成为联系乡亲和政府的桥梁与纽带。在调解邻里冲突和乡人矛盾上，他们不会以势压人，而是以理服人，注重多方协调和沟通，注重平衡各方利益。所以，在乡村治理方面，乡贤是农耕文明时期中国乡村社会稳定的重要因素。

在乡村教育方面，乡贤的作用更是不可小觑。乡贤大多是饱读诗书之人，他们深知文化知识对于人们的生存、生活、成长和发展至关重要，所以他们非常重视教育，尤其重视启蒙教育和家庭教育。他们中的许多人自觉地担负起教育自家子弟和乡里子弟的重任，有不少人开私塾，并兼任私塾先生。虽然有的人也接受一些“束脩”，但总体来说，义务教书的情况较为常见。他们是乡村的“先生”，是传授文化知识的人，是教人向善的人。在善行义举方面，乡贤更是乐善好施的代名词。他们愿意帮助别人，勇于助困济人，乐于接济生活困难的乡亲。如东汉末年颍川郡著名乡贤陈寔，道德高尚，知书达理，处事公正，待人公平，为乡里所推重。乡里发生了纠纷，人们不去求官府，而是去找陈寔，请求他明断是非。只要是陈寔评的理、判的是非曲直，人们都欣然接受，没有什么怨言，以至于乡人都说：“宁为刑罚所加，不为陈君所短。”陈寔还乐善好施，遇上灾年的时候，乡亲们缺吃少穿，他就接济他们。大灾之年，陈寔的善举不仅挽救了那些一时糊涂的人，而且教化了乡党，纯洁了世风。当然，更多的乡贤是靠他们的智慧和财富造福乡里，为乡亲做好事，譬如常见的修桥铺路、接济穷困等助人为乐之事。在乡村治理结构尚不完备的中国传统社会，乡贤在文化教育、乡村治理、乡村建设等方面，都起到了政府所起不到的作用。他们是中国传统乡村超稳定结构的基石，也是推动乡村发展的动力。

对于乡贤，我们应该历史地来看，既要看到他们在乡村文化教育、乡村治理、乡村建设等方面的积极作用，也要看到他们对中国传统乡村超稳定结构的固化作用。乡村是农业社会的基础，也是各级政权的基础。但是，在中国传统社会，权力不下郡县，县级政权成为封建社会的基层政权，县令或县长通常都是七品官甚至是从七品官，县丞、县尉的级别就更低了。国家行政机构设置到县级，县以下是乡和里。乡和里的治理则借重民间力量，乡长和里长大多是由当地德高望重的长者或望族的族长担任，他们没有官位，不吃皇粮，不领俸禄，只是负责维持当地的秩序，帮助地方政府做一些诸如征收税赋、摊派徭役、管理户籍、教化民众之类的事情。但在乡村治理及文化教育等方面，乡长、里长则常常要借重乡贤的力量，因为乡贤有文化、有见识、有影响力，甚至还有财力。当乡贤与乡里管理者相向而行、勠力同心的时候，乡里就会稳定，乡村治理就比较顺畅。这个时候，乡贤的作用就得到了充分发挥。乡贤在某种意义上成了乡村治理的标杆，成为乡人敬仰和追慕的对象。但是，由于乡贤所受的教育不同，他们的理想、信念、追求也各有差异，因此，他们中的许多人不愿意与当权者同流合污，更看不惯权豪势要欺辱压榨百姓，往往是特立独行者和孤独求道者，但他们依然坚持用自己的方式服务乡里，造福百姓。如许劭主持汝南“月旦评”，大力奖掖和提携汝南才俊，评点天下名士，成为汉末继郭泰之后的清议领袖。他不应朝廷征辟，谢绝高官厚禄，以“局外人”的身份品评人物，客观公正，令人信服。又如吃尽文盲苦头的武训，穷且益坚，不坠青云之志，行乞办学，创办崇贤义塾，让那些读不起书的孩子进学堂读书，更让人肃然起敬。再如晚清职业慈善家余治，一生清贫，却四处呐喊，奔走于大江南北，劝人行善，宣传忠孝节义，成立各种慈善机构，移风易俗，救济孤贫，而且创立戏班，编写剧本，以戏曲劝善，被人誉为“江南大善人”。他们以各自的方式感染着世人，固化着中国乡村的超稳定结构，使中国乡村这个自秦汉以来政府行政权力鞭长莫及之地，成为乡绅乡贤的表演舞台。在当代作家陈忠实的长篇小说《白鹿原》中，从白嘉轩、鹿子霖和冷先生等人物身上，读者依稀看到了久违的乡贤形象，所以有评论者指出，《白鹿原》就是在寻找失去的乡贤。这样的评论虽然不无偏颇，却也道出了小说的文化追求。

乡贤是乡贤文化的创造者和实践者，从他们身上，人们可以看到传统乡贤文化在乡村建设、乡村治理、文化教育、乡土认同等方面发挥的重要作用。所以，从中国古代一直到近现代，许多乡村都建有乡贤祠，用以供奉和祭奠那些为乡村建设作出贡献的乡贤们，展示各地不同的乡贤文化。

乡贤文化是由乡贤及其乡人共同创造的，是中华优秀传统文化的重要组成部分。它作为一种文化形态，对中国古代的乡村治理，对家国文化的认同，对乡村社会的维系，对农业文明的传承，对宗族文化的延续，对乡村文明的弘扬，都具有重要的文化价值。在传承发展中华优秀传统文化的当下，创新乡贤文化，就应在进一步明确乡贤文化的历史文化价值与当代意义的前提下，深入发掘乡贤文化的内在价值和积极作用。具体来讲，就是要注重发掘乡贤文化对家国认同、乡村治理、乡村教育、乡村建设、乡村文明传承等方面的深层文化内涵，通过一个个乡贤人物，阐释乡贤文化的重要价值，梳理乡贤文化的积极意义，探索乡贤文化的传承创新路径。譬如家国认同，首先是基于对家族和家乡的认同。乡贤作为当地的贤者，不仅具有很强的凝聚力，而且还常常让乡党引以为豪，人们不论处于多么遥远的地方，只要说起共有的乡贤，就会立即引起强烈的共鸣，自然而然地拉近了人们之间的情感距离，从而形成对家族和家乡的认同。从这个意义上说，乡贤是家乡认同的标志性人物，也是促进家国认同的情感纽带。

乡贤文化对传承发展乡村文明，对当代乡村文化建设，对提升文化自觉、树立文化自信，对实现中华民族伟大复兴的中国梦，都具有积极意义。在大力弘扬传承发展中华优秀传统文化的当下，挖掘乡贤文化的丰富内涵，梳理乡贤文化的历史脉络，发掘乡贤文化的价值意义，进而创新乡贤文化，建设新乡贤文化，是传承发展中华优秀传统文化的内在要求，是提升文化自觉、树立文化自信的内在要求，也是实现中华民族伟大复兴的中国梦的内在要求。

为此，我们组织编纂了这套“乡贤文化丛书”，把自东汉以来的历代乡贤进行梳理，系统展示乡贤、乡贤文化的历史风貌和文化价值，以期让广大读者对优秀传统文化中的乡贤和乡贤文化有更多的了解，对乡贤文化的历史作用和当代价值有更多的认知，共同为创新乡贤文化、建设新乡贤文化作出应有的贡献。

本辑为“乡贤文化丛书”第二辑，我们精选了8位在中国历史上有一定影响的各地乡贤，他们不论在教书育人、修身齐家，还是在乡村治理、乡村建设、慈善赈济，甚或是民族工业等方面均作出了一定贡献，成为人们传颂的典范楷模。在本辑编写过程中，每位作者均对自己承担的人物有一定研究，但因作者较多，行文风格各异，难免会出现一些不尽如人意之处，不妥之处，尚祈读者批评。

卫绍生　廉　朴

2022年5月20日

目　录

一、少年壮志不言愁

很多人都读过南朝刘义庆的志人小说《世说新语》，对其中一些妙趣横生的篇章记忆犹新。但是，对其“德行”篇的第一篇文章未必留意，对这篇文章开头几句话更是未必记得。这部以记载人物言行为主的小说，是以汝南人陈蕃开篇，这不能不说是给了陈蕃很大的面子，给了汝南士人很大的面子。小说一上来就是这样几句话：“陈仲举言为士则，行为世范。登车揽辔，有澄清天下之志。”这对陈蕃是很高的评价。一个人的言语能够作为士大夫的准则，行为能够作为士大夫的典范，这样的人，该是怎样一位令人高山仰止的人物啊！更为可贵的是，陈蕃还是一个“登车揽辔，有澄清天下之志”的人。一个言为士则、行为世范的人，加之还有如此远大的志向，那就更加不同凡响了！

《世说新语》是中国小说史上一部很有影响的志人小说，共分为三十六个门类。为了表示对儒家学说的尊崇，小说前四个门类是按照孔门四科来划分的，依次是德行第一，言语第二，政事第三，文学第四。而“德行”类的第一篇就是讲述陈蕃的故事，对陈蕃给予了很高评价，且不吝赞美之词。其中“登车揽辔，有澄清天下之志”，是说陈蕃出仕为官之后，有使天下重归清明的志向。其实，对于陈蕃来说，这一志向不是始于为官之后，而是早在少年时期，陈蕃就已经豪迈地立下了这一宏大志向。

父亲的良苦用心

陈蕃，字仲举，东汉时期汝南郡平舆县（今河南平舆）人。关于他的家世出身，文献记载甚少。仅知他的祖父曾经做过河东太守。到了他的父亲那一代，陈家已经家道中落了，以至于《后汉书》说到陈蕃的家世时，仅说他的祖父曾经任河东太守，而对陈蕃的父亲却没有加以介绍，只是在叙述陈蕃与薛勤交往的时候，捎带着提了一句，说陈蕃的父亲和薛勤是好朋友。显而易见，陈蕃的父亲并没有什么官职，而且在汉代推行察举制的那样一个时代，他可能连被州郡举荐的机会都没有。如果有的话，哪怕只是被州郡举荐为孝廉或贤良文学之类，史书也要记上一笔，不会有意忽略。然而，就是在这样一个家道中落的家庭，在重视门第出身的东汉，却培养出了陈蕃这样一位"言为士则，行为世范"的人物，一位让汝南郡为之倍感骄傲的人物，一位风云一时的人物，一位几乎改写了汉末历史的人物。

由于文献对陈蕃少年时期的事情记载甚少，现在我们已经无法看到少年陈蕃是怎样的情况。陈蕃开始出现在人们视野的时候，已经是一个15岁的翩翩少年了。此时为汉安帝永初末年，大约是在公元112年至113年间。这个时候，陈蕃的父亲没有什么功名，陈家已经家道中落。陈蕃虽然不像其他出身豪门的贵游公子那样衣着鲜丽、香车宝马，但也衣食无忧且有书可读，甚至也无须到田间劳作，无须整日面朝黄土背朝天，风吹雨淋日头晒地忙于土里刨食。15岁的陈蕃还是个孩子，可他的父亲已经有意识地要培养他、锻炼他，让他与当时汝南的一些名士交往，试图通过这种方式增加陈蕃的社会阅历，拓展陈蕃的人生视野，为陈蕃以后走向社会积累一些人脉和经验。

在东汉末年那样一个讲究家族出身的时代，门阀士族之家的子弟，在仕途上无疑有更多的机会。因为到了东汉末年，所谓的察举制，实际上已经被朝中权贵和世家大族所把持。只要是出身名门大族的子弟，依靠家族的势力，就可以很轻松地进入朝廷选拔官员的视野，被州郡以孝廉、贤良文学等名目举荐，年纪轻轻就可以进入仕途，甚至很快成为高官。所以，在东汉时期出现了许多像汝南袁氏这样“四世三公”的豪门大族。

当年的汝南，是世家大族云集之地。如汝南袁氏，从汉明帝时的袁安开始，累世簪缨。在整个东汉，袁氏“四世三公”，家族发展如日中天，在当地非常显赫。袁安历仕汉明帝、汉章帝、汉和帝三朝，官至司徒；袁安之子袁敞，汉安帝时为司空；袁安之孙袁汤，汉桓帝时任司空，后迁司徒、太尉；袁汤之子袁逢，汉灵帝时为司空；袁逢之弟袁隗，官至太傅。粗略计算一下，从袁安开始至汉灵帝时期，汝南袁氏有五人官至三公，成为公认的豪门大族。所以，在汉献帝初年，十八路诸侯讨伐董卓的时候，各路诸侯公推出身汝南“四世三公”之家的袁绍为盟主。汝南应氏也是声名显赫的家族，从汉和帝时的应顺开始，应氏世代为官，应奉、应劭等都大名鼎鼎。一直到东晋时期，汝南应氏代代都有显赫人物。汝南许氏从汉顺帝许敬开始，颇多身居高位之人。许敬官至司徒，其子许训历任司徒、司空、太尉之职；许训之子许相，汉灵帝时历任司空、司徒；族人许栩，汉桓帝时曾任司徒，汉灵帝时转任司空。由此可见，从东汉明帝开始，汝南就是东汉名郡，当地世家大族云集，产生了许多有影响的人物。

陈蕃的父亲生活在“朝廷官员半汝南”的东汉汝南郡，对家乡世家大族的情况非常熟悉。他不可能不受影响，也不可能不对家乡的那些世家大族产生艳羡之情。但他也很清楚，陈家虽然在他父亲那一代有过短暂的辉煌，但到了自己这一代，已经难以有所作为了。能不能中兴陈家，让陈家也成为汝南的名门大族，就看儿子陈蕃了。所以，他把希望寄托在儿子陈蕃身上，希望有朝一日陈蕃也能像汝南郡其他豪门大族家的子弟一样，在朝廷谋个一官半职，从而光宗耀祖，使陈家扬眉吐气一番。为此，他费尽心思为儿子创造机会，让儿子多和汝南名流接触，增加他们之间的交往，为陈蕃将来进入仕途创造条件。

为此，他让年仅15岁的陈蕃充当信使，送信给他的好朋友——时任汝南郡功曹的薛勤。他想通过这种方式，让少年的陈蕃早点接触官场人物，同时也让汝南官场中的人物对年轻的陈蕃加深一下印象，为陈蕃以后进入官场积累点人脉资源。其用心之良苦，于此可见。

郡功曹青眼有加

薛勤，字恭祖，汝南平舆人，是陈蕃父亲的好朋友。当时，汝南郡治就在平舆县，薛勤在家门口做官，任郡功曹，其职务相当于汝南郡太守府办公室主任，负责处理太守府中日常事务。薛勤对汝南郡的官场十分熟悉，与汝南郡的各色人等交往颇多。不仅如此，他与当时的士林领袖郭泰还有过交往。

郭泰，字林宗，东汉太原介休（今山西介休）人。郭泰是当时的太学生领袖，与李膺等正直士人交往甚密，且名重当时。郭泰乃一介布衣，没有一官半职，不受官场的约束，但不论是太学生，还是那些身居官场的人物，对郭泰无不肃然起敬，礼敬有加，很多人都盼望郭泰能够为自己美言几句，那样就有了飞黄腾达的机会。当时，汝南名士许劭在平舆主持“月旦评”，品评天下人物。郭泰与许劭对人物的评价深受士人和朝廷的重视，故有“许郭之评”的说法。时任汝南郡功曹的薛勤，凑巧遇到了这样一个机会。

有一次，郭泰得便到颍川、陈留和汝南郡走了一圈，顺便看望一下这些地方的朋友。到了颍川，他与后来成为党人领袖的李膺成了好朋友；到了陈留（今河南开封）与符融结为金兰；到了外黄（今河南民权）与韩子助相谈甚欢。这些人后来都成为东汉名士，如李膺、符融等，都曾名重天下。郭泰后来到了汝南。汝南是当时名士之乡，在朝为官的人多，居家为名士者也不少。郭泰到了汝南郡，见到名士袁闳，与袁闳交谈了一阵子，没有留下住宿就离开了；接着到了名士黄宪家中，与黄宪进行了深入交流，并在黄宪家住了三个晚上。接下来，郭泰来到了新蔡，与薛勤相见。薛勤对郭泰怠慢袁闳、亲近黄宪很是不理解，问郭泰："您大老远到了汝南，见了袁奉高，不肯停留一宿就离开了。而见了黄叔度，却是一连住了几日。这是为什么呢？"郭泰回答说："像袁奉高这样的人，虽然很清高，却不难把握，一接触就知道是什么样的人了。而黄叔度却大不同，其人汪洋恣肆，就像是千顷波浪，想把他澄清很难，想把他搅浑也很难。黄叔度是一个深不可测的人。"

郭泰是当时士人领袖，不论在官场还是在士人中间都很有影响。他的一句赞美之词，就可能让一个人飞黄腾达；而他的一句贬斥的评价，就可能让某个士子很难在士人之中立身。他的豫州之行，虽然没有对薛勤做出评价，但他会见了薛勤，并且和薛勤作了比较深入的交流，这对薛勤来说，已经是喜出望外的大好事了。

薛勤是一个很有个性的人。他任山阳太守的时候，妻子去世了。他不仅没有表现出非常悲痛的样子，而且还在临安葬妻子的时候，说了一句让许多人感到不可思议的话："庆幸的是我没有这么早就死去，还有什么可遗憾的呢？"薛勤因为这样一句话而招致人们的非议。有人认为薛勤对妻子没有感情，才说出这样不近人情的话。人死为大，人都不在了，即便不悲伤，也要做做样子，让人觉得夫妻之间的感情很好。薛勤虽然悲痛，但他比较想得开。妻子去世了，而自己还要活下去，而且要活得有尊严、有品质，不给死去的妻子丢脸。薛勤庆幸自己没有过早死去，觉得人生已经没有遗憾。他这种做法，有些像庄子。庄子的妻子去世了，他却鼓盆而歌。庄子主张任情自然，因此人们把庄子鼓盆而歌作为美谈。薛勤不敢自比庄子，仅是说了一句实话，却招致非议。但薛勤依然我行我素，很少顾及别人的感受，更不愿看别人的脸色。

就是这样一个很有个性的人，和陈蕃的父亲成了好朋友。薛勤在和陈蕃父亲的交往中，也是毫不掩饰自己的个性。有一天，父亲让陈蕃去给薛勤送一封书信。陈蕃到了薛勤那里，把父亲的书信交给他。薛勤一下子就被眼前这个年仅15岁的少年吸引住了。他对陈蕃很好奇，仔细观察了一下，越是深入观察，就越觉得眼前这个孩子不简单。这个15岁的少年目光清澈，神色安然，气宇轩昂，不卑不亢。一个年纪轻轻的孩子，见了郡里的官员，竟然没有丝毫的慌乱和不安，而是举止得当，言语得体，甚有礼仪。这不由得让薛勤对陈蕃刮目相看。他准备抽时间去老朋友家走一趟，与陈蕃深入聊一聊。

第二天，薛勤放下郡里的所有公务，去回访老朋友。薛勤与陈蕃的父亲见面后，自然免不了先寒暄一番。之后，薛勤对陈蕃的父亲说："足下有一个儿子不同凡响。我今天来就是想和他深入聊一聊。抱歉啊！这次就不和你多聊了。"陈蕃的父亲很知趣地离开了，留下薛勤和陈蕃二人。二人一聊，言语间很是投缘，不知不觉已是金乌西坠。通过这次深入交谈，薛勤对陈蕃有了新的认识，他不无感慨地对人说："陈仲举有命世之才，王佐之具！"

后来的事实证明，薛勤的确有识人之才。他和年仅15岁的陈蕃深聊，而不和陈蕃的父亲聊，在一百多年后的阮籍那里得到了历史回声。三国魏齐王曹芳正始年间，阮籍和王戎的父亲王浑同为尚书郎，在尚书郎住所处，阮籍见到了当时不满15岁的王戎，便非常喜欢他。此后，阮籍每次到了王浑那里，和王浑说不上几句话就转身到王戎的住室，与王戎一聊就是很久。阮籍很不客气地对王浑说："和你聊没有什么意思，没有和王戎交谈愉快。"以上两个片段都在历史上留下了一段佳话。薛勤慧眼识才，陈蕃后来官至太尉、太傅，成为桓、灵之世的国家栋梁；王戎后来也官至司徒，成为西晋后期朝廷倚重的重臣。

少年敢立鸿鹄志

当时，天下已经盛行品评人物之风。而执天下士人品评之牛耳者，是许劭和郭泰，故有"许郭之评"的说法。许劭，字子将，汝南平舆人。他和族兄许靖创办了一个人物品评的平台"月旦评"，在每个月的初一这天，聚集士人，对以汝南地区为主的士子进行点评。得到许劭赞美的士子，一旦进入仕途，就会被人高看一眼，甚至可以平步青云。许多士子都想让许劭美言几句。许劭慧眼识人，不是英才，难成大器者，他是不会轻易开金口的。即便是大才，但如果人品不好，他也不轻易评价。当时的人物品评，非常注重德行。有一个十分典型的例子，说的是曹操没有发迹的时候，何颙指点他说，如果想引起天下人的注意，需要请许劭美言几句。后来曹操来到汝南，见了许劭，请许劭为他美言几句。许劭看不上曹操这个人，不愿意对他进行品评。曹操无可奈何，拿刀架在许劭的脖子上，逼着许劭对他进行评价。许劭是一介书生，虽然名重天下，却不愿为这件小事送了性命。万般无奈之下，许劭说了两句话："子治世之能臣，乱世之奸雄。"曹操得到许劭这样两句评价，很高兴地离开了。后来，曹操果然在汉末大乱中脱颖而出，挟天子以令诸侯，纵横捭阖，扫平北方群雄，成为一方霸主。郭泰和当时的太学生关系密切，在太学生中很有影响。不少士子因为得到郭泰的赞美而声名鹊起，顺利进入仕途，有的人甚至还成了汉末官场上的风云人物。郭泰评价过的符融、黄宪、仇览等人，后来都成为汉末很有影响的人物。

薛勤在人物品评方面不像许劭和郭泰那样有名气，也没有他们影响大，但他的人物品评却是少而精，而且从后来的结果看，他对所评价的人物把握是非常准确独到的。他评价陈蕃有“命世之才，王佐之具”，陈蕃后来果然成为朝廷倚重的大臣。在国家处于生死存亡之际，陈蕃果断挺身而出，力挽狂澜，显示出非凡的才能。薛勤对幼年黄宪的评价也非常中肯。黄宪出身贫寒，他的父亲是一个兽医，所以有人称他为“牛医儿”。薛勤并不因黄宪出身贫贱而看轻他，反而对他的德行给予高度赞美，称他“当为世盛德”。其他人对黄宪也有类似的看法。颍川郡的荀淑是一位非常受人尊敬的长者，他来慎阳的途中，在旅舍和年仅14岁的黄宪相遇了。荀淑一见黄宪就觉得这个少年与常人大不相同，于是就和他攀谈起来，不知不觉一个时辰过去了，荀淑还想和他继续交谈下去。荀淑对年纪尚小的黄宪说：“你就是我学习的榜样！”荀淑到了慎阳，见到袁闳之后，还没有来得及述说旅途上的事，就问道：“你们这里有一个颜回式的人物，你认识吗？”袁闳立刻明白荀淑问的是谁，反问道：“难道阁下见到了我们这里的黄叔度？”汝南郡有一个名叫戴良的人，自恃才高，把很多人都不放在眼里。可是，他对黄宪却是非常有礼貌，经常和他在一起。一次回家后，母亲问戴良是不是又和黄宪在一起，戴良回答说：“是。”接着又说：“我没见黄叔度时，没有觉得自己有什么不足的地方。见到黄叔度之后，觉得这个人乍一看是在前面，忽然又在后面。此人深不可测啊！”

陈蕃与黄宪年纪相仿，二人关系十分融洽，不出十天半月就要见上一面。这对少年才俊，同气相求，惺惺相惜。陈蕃非常推崇黄宪的人品，他曾经对同郡的周举说：“如果有一个月的时间见不到黄生，个人的贪欲之念就会故态复萌。”看来，少年陈蕃受黄宪的影响比较大。后来，陈蕃位居三公的时候，还对黄宪表示敬意。他曾当朝对大臣们说：“黄叔度如果还健在，我是不敢先于他佩戴三公的印绶的啊！”陈蕃对黄宪的推崇之意由此可见。

正是由于薛勤十分看好陈蕃，所以，薛勤经常到陈蕃家里走动，有意帮助和提携陈蕃。有一次，薛勤到陈蕃家看望老朋友，可陈蕃的父亲刚好不在，薛勤就在陈蕃家等候。看到整个院子杂草丛生，十分脏乱，薛勤便对陈蕃说：“你这个小孩子，为什么不把院子里面打扫打扫，干干净净地接待来访的宾客呢？”陈蕃朗声回答说：“大丈夫处世，当扫除天下，安事一室乎！”此时的陈蕃虽然还是个孩子，但他铿锵有力的回答，让薛勤再次对他刮目相看。薛勤由此知道陈蕃是一个胸怀大志的人。

一句“大丈夫当扫除天下”，不仅流露出陈蕃的远大志向，而且表明了陈蕃对当时天下的看法。当时的天下，有太多的不平之事，污秽之人。皇帝昏庸，宦官干政，卖官鬻爵，腐败横行。整个社会积弊已深，浑浊不堪，而承担这种后果的，不是皇亲国戚或达官显宦，而是天下苍生。这样的官场，这样的社会，让少年陈蕃痛心疾首，故而立志要扫除天下，使政治清明，社会安定，百姓安居乐业。应该说，像陈蕃这样一个十几岁的孩子，能够有这样的家国情怀，能够把天下苍生放在心上，实在难能可贵。

汝南郡结交胡广

陈蕃出仕之前，活动范围基本上都在汝南郡内，交往的人物大多是汝南同乡。其中有一个人物对陈蕃的成长有较大影响，这个人就是曾经的汝南太守胡广。

胡广，字伯始，南郡华容（今湖北潜江）人，出身寒门。胡广是东汉时期的一个传奇人物，汉安帝时，27岁的胡广被举为孝廉，以各州郡所举孝廉第一的身份为人所重视，一个月内拜尚书郎，五迁至尚书仆射。

历仕汉安帝、汉顺帝、汉冲帝、汉质帝、汉桓帝、汉灵帝六朝，始终身居高位，屹立不倒，一履司空，再作司徒，三登太尉。当时京师流传着有关胡广的谣谚："万事不理问伯始，天下中庸有胡公。"意思是胡广处事练达，熟谙朝廷事务，常采取中庸之道。当然他也有敢于逆龙鳞之举。汉顺帝阳嘉二年（133），官居尚书仆射的胡广，曾公开反对扩大察举选拔官吏的范围，并由此引起汉顺帝和尚书令左雄的不满，继而被贬出京城，出任济阴太守。在济阴太守任上，广陵郡发生了举荐的官吏名不副实的情况。胡广因反对改革察举制，再次受到牵连，被罢免了济阴太守。但是，胡广毕竟是有影响的重臣，不久即再次出山，出任汝南太守。

从年龄上讲，胡广比陈蕃差不多大了20岁，所以两人不是一代人。胡广做汝南太守的时候已是40多岁，在汝南太守任上也只有两年多的时间。这时候的陈蕃只有20多岁。由于陈蕃早在幼年时就为薛勤等人所知，在汝南郡算是一个知名人物，而薛勤曾经任汝南郡功曹，对陈蕃有所褒奖。所以，不论薛勤当时任郡功曹时是不是辅佐过胡广，胡广应该知道陈蕃这个人。有人说，陈蕃是胡广的弟子，但目前没有文献依据。但是，不论陈蕃是否是胡广的受业弟子，他在年轻的时候，赶上胡广这样一个很有学问的人来汝南做太守，他都会对这位才华横溢的郡守多有留意。这种相识相知的经历，为陈蕃后来在朝廷上与胡广的合作奠定了基础。

胡广出任汝南太守的时候，陈蕃只有20多岁。按陈蕃当时在郡中的知名度和影响力，胡广肯定对陈蕃有所关注。陈蕃被汝南郡举为孝廉，很可能是在胡广任郡守的时候。那时陈蕃虽然只有20多岁，但其学问和能力是毋庸置疑的。他的孝行也深受乡里乡亲的认可，得到了很高赞誉。汉代察举孝廉没有年龄限制，20多岁被举为孝廉的人比比皆是。如果这一推测成立，那么，陈蕃就是在胡广任汝南太守时被举荐为孝廉的，而胡广则是陈蕃的座师。倘若如此，说陈蕃是胡广的弟子似乎也说得过去。只是这些说法没有可靠的文献证实，也没有充分的证据否定。唯一可信的是，胡广任汝南太守时，陈蕃与之可能有过交集。这也为后来陈蕃与胡广同朝为官时相互照应奠定了情感基础。

东汉时期，汝南人才济济，豪门大族甚多，比较著名的有号称“四世三公”的袁氏，名人辈出的应氏，显赫一时的许氏，等等。生于东汉名郡，但家道中落，想在豪门大族林立的汝南闯出一条路来，陈蕃要比他人付出更多的努力。所以，陈蕃早在少年时期就立下大志，要扫除天下污秽，还社会一个清明。正是因此，陈蕃不仅为郡中人所知，而且还结识了一些对日后仕途生活很有帮助的人。如薛勤、胡广等人，他们都是陈蕃人生路上的福星。陈蕃后来能够在官场上有一番作为，与这些人生路上的启蒙者和领路人或多或少都有些关系。

奇人自然有奇遇

陈蕃少年时期不仅立下壮志，要荡涤天下污泥浊水，扫除沉渣污秽，为国家为百姓创造一个清明社会，而且还经历了一番奇遇。

根据东晋干宝《搜神记》记载，陈蕃外出做官之前，曾经寄宿在本县人黄申的客舍中。这天夜里，刚好黄申的妻子分娩，生了个儿子。夜里，陈蕃忽然醒来，听见有人敲院子的大门。黄申的家人忙于黄妻分娩的事，没有人听到敲门声。过了很久，陈蕃才听到黄家人说：“客舍里有人，不可进去。”敲门的人相互商量说：“如今应该从后门进去。”其中一人就往后门去了。过了一小会儿，留在门口的人问道：“刚生下来的那个人将来是怎样的功名？应该活多大岁数？”从后门进去的人报告说：“是个男孩儿，名字为奴，应该给他15岁的年纪。此后不知应该怎么个死法？”回答说：“应该死于兵器。”

寄宿在客舍的陈蕃清楚地听到了这番对话，以为神怪将会对黄申家新生儿不利。如果不告诉黄家，显然不太合适；要是告诉黄家吧，又有点无从说起。神仙鬼怪之事，连孔老夫子都不愿意说，如今说出来谁信呢?可是，不说似乎又有点对不起这家人，人家好意留宿，你听到了不利于主人家的话，却因顾虑这顾虑那，不愿对主家说，于情于理都说不过去。于是，第二天，陈蕃先对黄申生子表示祝贺，说："恭喜您喜得贵子！"接着又对黄申说："我懂得相术，有几句话想对您讲。您要好生照看贵子，他在15岁的时候，会死于兵器。最好早作防备。"黄申夫妇听了，十分害怕，便给儿子取了个贱名，称作黄奴，希望能够平安地将他养大。汝南等地当时已经有这样的习俗，以为贱名好养，所以，有些人家生子之后，取的名字很卑贱。黄申夫妇想用这种方式破解邪祟，保佑儿子平安。平时，黄申夫妇对这个儿子看管得非常紧，连一寸长的刀子也不让他碰。在这样小心谨慎的日子里，黄家的儿子平平安安地长到了15岁。

到了15岁这年，家里人对黄奴看得更紧。为防止意外，他们把家中所有的铁器都藏了起来，希望能够平安度过这个让人恐惧的年份。黄家有个凿子，黄申把它藏在房梁上，凿子的木把露在了外面。一天，黄奴发现了，以为那是个小木头，想把它钩下来，不料凿子从上面直落下来，刚巧从黄奴脑门上插进去，黄奴当场死亡。

15年后的陈蕃已经是豫章太守，他还记得这件事，派人去黄申家，答谢当年寄宿之情，并顺便打听一下黄奴的下落。使者回豫章后，把实情详细转告陈蕃。陈蕃听后，唏嘘不已，感慨道："这都是命啊！"

这个故事本意是说陈蕃乃是贵人，即使神鬼遇到了他也要退避三舍，不敢冒犯。故事传说的成分居多，可信度不大，但也不是空穴来风。干宝撰写《搜神记》，一是依据传世文献，二是通过采风得来，即搜集街谈巷议。干宝之前，没有文献记载此事，因此这个故事应该是干宝从街谈巷议听闻来的。东汉末至东晋初，也就是一百多年的时间，到东晋的时候，汉末的许多故事经过口头流传下来的不少。陈蕃夜宿黄申家的奇遇，具有浓厚的神秘色彩，表明陈蕃这位敢于为国为民请命的贤臣在民间具有较高的知名度。即便这个故事只是一种附会，但也说明出仕之前的陈蕃与民众有较多交往，对民情民意也有深入了解。这对陈蕃以后在仕途上的发展有很大帮助。

二、初入仕途多坎坷

尽管陈蕃在少年时代就立下大志，要荡涤一切污泥浊水，还世人一个清明世界，还汉朝一个朗朗乾坤，尽管陈蕃在少年时代就遇到了人生路上的贵人，并因一句“大丈夫当扫除天下”而声名鹊起，名震汝南，但是，陈蕃在仕途上并不顺利，他经历了许多常人未曾经历的事情，一路走来，步步坎坷，命途多舛。好在他都挺过来了，并在应对各种人生磨难时充分展示了他特立独行的个性，表现出异于常人的才能。

守母丧初辞郎中

陈蕃有大志，有高才，而且品行优秀，深得乡人赞许。在胡广出任汝南太守时，陈蕃很可能被举荐为孝廉，先在郡中服务，后入朝为官，为尚书台郎中。对许多人来说，这都可以称为少年得志。但非常不幸的是，陈蕃20多岁进入仕途之后，一路走来坎坎坷坷，非常不顺利。

按照东汉的惯例，州郡举荐到朝廷的孝廉、贤良、方正等，要先在尚书省进行历练，第一年称郎中，第二年称尚书郎，第三年称侍郎。很不巧的是，陈蕃到京师后不满一年，他的母亲就去世了。按照当时的丧葬礼仪，父母去世后，儿子如果为官，就要辞去官职，回家为父母守丧，待守丧三年期满后，才能够再出来为官。史书叙述这件事情时，称陈蕃为郎中，言外之意是陈蕃在郎中任上还不满一年。陈蕃的第一次出仕，就这样匆匆结束了。

陈蕃虽然辞官回乡，为母守丧，但他还算是幸运的，因为就在他辞官守丧期间，朝廷对实行了多年的察举制进行了重大改革。

汉顺帝阳嘉元年（132），鉴于实行了多年的察举制存在一些问题，朝廷决定对举孝廉的年龄做出明确限制，规定年满40岁才可以被举荐为孝廉。汉顺帝刘保是一位想有一番作为的帝王。他11岁的时候，在血雨腥风中继承皇帝大位。登基伊始，他就对察举制进行改革，下令郡国守相任职未满一年的，也可以举荐孝廉。汉顺帝之所以这样做，是鉴于当时人才奇缺的现实，他希望各个郡国能够尽早把有用的人才举荐上来。原先汉代察举制规定，郡国守相到任满一年后，对所在地的情况熟悉之后，才有资格举荐孝廉。汉顺帝求贤若渴，颁诏打破了这种惯例，但是，汉顺帝很快就发现，在举荐人才方面往往是欲速则不达，所以，过了不久这条诏令就被收回了。但汉顺帝并没有因此停下改革察举制的脚步。阳嘉元年十一月，汉顺帝采纳尚书令左雄的建议，“令郡国举孝廉，限年四十以上，诸生通章句，文吏能笺奏，乃得应选；其有茂才异行，若颜渊、子奇，不拘年齿”。[①]这条诏令规定，各个郡国举荐的孝廉，年龄要在40岁以上；到了朝廷，还要对举荐的诸生进行考试，看他们是否精通文史、章句，是否能够用书信的形式上奏章。这实际上是对各郡国举荐的人才进行考试摸底。至于那些有特殊的才能、非常的德行的人，像孔子的弟子颜渊和年仅18岁就能主政东阿的子奇，则不受年龄的限制。

这项改革措施在最初讨论时，就受到尚书仆射胡广等人的坚决反对。胡广等人联名上书，列举甘罗、子奇、终军、贾谊等青年才俊早成大

① 《后汉书》卷六《顺冲质帝纪第六》。

器的例子，驳斥左雄之说，反对提高所举孝廉的年龄门槛。但是，汉顺帝不顾胡广等人的反对，坚定地推行这项改革，并于这年十二月下诏：“年四十以上课试，如孝廉科者，得参廉选，岁举一人。”[①]汉顺帝对察举制做出这样的改革，是因为各个郡国举荐上来的孝廉，除一部分留在朝廷听用外，大部分人要下放到各县做县令。中国古代，县这一级是国家实行管理的最低一级，有所谓“皇权不下县”一说，也就是说，朝廷的命令只下达到县这一级，县以下就是皇权鞭长莫及的地方了。正是因此，小小的七品县令才显得如此重要。汉顺帝正是出于加强县级治理的目的，改革察举制，希望选拔出来的孝廉不仅有德行，还要有能力、有阅历、有经验，能够把一个县治理好。

幸运的是，陈蕃此前刚刚通过察举进入仕途。不然的话，要走上仕途这条路，不仅还要等上十几年，而且其中还有许多不可预测的变数。

识先机再辞别驾

陈蕃按照汉朝的礼仪，辞官回乡，为母亲守丧三年。三年期满后，陈蕃还没有来得及为自己的日后生活进行谋划，一纸聘书就送到了家门。原来，豫州刺史周景仰慕陈蕃的德行才华，下书聘请陈蕃为别驾从事。

周景，字仲飨，庐江舒（今安徽庐江县）人。他原是大将军梁冀的手下，而梁冀则是汉顺帝梁皇后的兄长。汉顺帝死后，梁皇后成为皇太后，梁冀进位大将军。他专横跋扈，在朝中说一不二。汉质帝就是因为当面说他是“跋扈将军”而被其毒杀的。梁冀把周景外放为豫州刺史兼河内太守，是让他出任一方诸侯，保卫京畿平安。周景虽然是梁冀的人，但他

① 《后汉书》卷六《顺冲质帝纪第六》。

也是一位非常爱才的人，只要是有才能的人，他都愿意提拔起来，加以任用，唯恐在他的治下野有遗才。每到过年的时候，他都把自己提拔任用的那些青年才俊请到刺史衙门，置办酒席，热情款待。像这种宴席，他在豫州已经举办了四次。如果有人另谋高就，不在他手下做了，他也比较宽宏大量，临走的时候，会赠送很多东西，多得甚至让人拿不完。周景如此爱才，所以其手下僚属互相举荐，以至有父子兄弟都在周景手下做事的，而且能够各得其所。

汝南郡当时属于豫州，在周景的治下。汉朝的制度，官员的属吏都是由长官自行聘任。别驾从事“总录众事”，负责刺史衙门的大小事务，相当于刺史的秘书长或办公厅主任，是刺史的重要属官。这个位子不仅非常重要，而且职权很大，所以通常由刺史的心腹之人或信得过的人担任。陈蕃是一个没有多少仕途经历的人，只是在京师做过不到一年的郎中，没有多少机会和周景接触。周景起用为母守丧期满的陈蕃为别驾从事，应该是出于对陈蕃人品和才能的高度信任。

出任刺史的别驾从事，在别人看来也许是天大的好事，但陈蕃不这么认为，他偏偏不领这个情，断然拒绝了周景的好意，把周景递过来的橄榄枝给挡了回去。陈蕃为何要拒绝周景，史书没有记载。个中原因，分析起来，应该不是周景给他的位子不合适，问题是出在周景这个人身上。周景是大将军梁冀的亲信，而梁冀则自恃拥立汉桓帝有功，专横跋扈，结党营私，培植亲信。他的所作所为，正是陈蕃深恶痛绝的。但是，周景这个人很执着，他以刺史之尊请陈蕃出山，陈蕃不愿意出来，他不仅不怪罪，还要虚位以待。他让人做了一辆马车，就放在刺史衙门前，车上摆一块牌子，上写“别驾之舆”。陈蕃一天不到任，他就不让人把车子挪走，也不再聘任其他人为别驾从事。周景用这种办法不仅是要显示自己求贤若渴的胸怀，而且也是以柔克刚，想用社会舆论逼迫陈蕃出来就任别驾从事。

在人才任用问题上，周景算是比较开明的。他不颐指气使，更不像有的官员那样采取高压手段：你不听召唤，就给你点颜色看看。三国曹魏时期，蒋济任太尉时，看中了阮籍的才华，征召阮籍为太尉掾，阮籍不想伺候蒋济，就给蒋济写了一封信，以自己没有能力，不足以担此重任为由，婉转谢绝了蒋济的美意。阮籍的谢绝，弄得蒋济很没有面子。蒋济不由得大怒，公然对外表示：他不仅要治阮籍的罪，也要一并制裁其族人。阮籍的家人和乡亲知道后，都来劝阮籍，希望阮籍接受蒋济的征辟，不要让家人和乡人跟着受罪。无奈之下，阮籍只好答应了蒋济，出任太尉掾。第二年，阮籍就以身体不佳为由，辞官而去。相比之下，周景比蒋济开明多了，他没有逼迫陈蕃，而是通过设立“别驾之舆”这种方式昭告天下：豫州刺史诚邀陈蕃出任别驾从事!

陈蕃虽然不想做周景的属下，但周景的做法确实给他很大压力。那么高的位子，人家虚位以待，就放在那里，他不去就任，别驾从事的车子就不会撤掉。周遭的舆论使陈蕃左右为难，尽管非常不情愿，但迫于压力，他最终还是选择了屈服，答应出山任豫州刺史周景的别驾从事。

在别驾从事任上，陈蕃干得并不愉快。周景徒有爱惜人才的虚名，却不知如何使用人才。陈蕃是他虚位以待很久才请出山的，可是，在许多事情上，他又摆出刺史的架子，一副盛气凌人的样子。对陈蕃这位大管家不够尊重，做起事来我行我素，恣意妄为。陈蕃实在看不下去，多次劝谏，甚至和周景发生争执。一次，在劝谏无效的情况下，陈蕃撂挑子不干了，史书说他“以谏争不合，投传而去”。所谓“投传而去”，就是扔下别驾从事的印信，干脆一走了事。这种辞官方式，为后来那些个性张扬而又与上级意见不合的人开辟了一条辞官的路子。三国时期的山涛见曹魏与司马氏明争暗斗，剑拔弩张，形势十分险恶，就在执行公务的路上“投传而去”；西晋刘毅在曹魏时曾任司隶都官从事，上书弹劾河南尹，在司隶校尉不允许的情况下，也“投传而去”；宋人王钦若视“投传而去”为做人的一种公正品德，认为“乃至言之不用，志之不伸，投传而去，褰足而逝者，盖有之矣”[①]。

事实证明，陈蕃辞去周景的别驾从事还是很有远见的。周景在豫州刺史任上干了几年，奉召回京，出任将作大匠，负责皇室的宫殿、宗庙、寝陵等的修建工作，俸禄与刺史一样，也是二千石。可是，到了汉桓帝延熹二年（159），曾经飞扬跋扈、不可一世的大将军梁冀遇到了麻烦：他的妹妹梁皇后无子。汉顺帝死后，梁皇后依靠哥哥梁冀，控制朝政，先后立了三位皇帝：先立冲帝，冲帝不久即死；接着又立质帝，质帝很快也一命呜呼了；最后立了他们以为可以控制得住的汉桓帝刘志。汉桓帝对梁太后和梁冀的确唯命是从，唯唯诺诺。梁冀为所欲为，朝廷大臣的生杀予夺，全凭他一句话。以至于官员们升迁，可以不向皇上谢恩，但一定要向梁冀辞行，向梁冀表示感谢。而敢于不听招呼的，都没有好下场。当时有一个名叫吴树的人，被任命为宛（今南阳市）令，临行前去拜见梁冀。梁冀吩咐吴树到宛县以后，照顾好他的门生故旧。吴树表示到了宛地后要崇任贤良，抑制小人。到任以后，吴树发现梁冀的故旧门生依仗梁冀的势力为非作歹，残害百姓，于是他痛下狠手，把罪大恶极者抓了十几个给杀了。梁冀知道后，以提拔吴树为荆州刺史的理由把吴树召回京师，略施小计，把吴树给杀了。

然而，多行不义必自毙。汉桓帝延熹二年（159），梁太后去世了。汉桓帝被压抑已久的权力欲望开始抬头，他暗中联合宦官单超、具瑗、唐衡、左倌、徐璜等人，突然发动政变，一举铲除了梁冀及其党羽。周景因依附梁冀而被免官，并被禁止复出。后来，由于周景平常给人忠贞正直之

---

① 《册府元龟》卷七百十九《幕府部四·公正》。

感，任豫州刺史时又选拔了不少人才，口碑不错，朝廷就解除了对周景的禁锢，任命他为尚书令。后来周景升至司空，位居三公，并得以善终。当然，这是后话。

陈蕃之所以选择辞官，固然是因为和周景政见不合，很多事情不对付——在这样一个上司手下做事，心情很难舒畅，更为重要的是陈蕃刚直不阿、直言不讳的性格。陈蕃待人忠厚诚实，为人不苟言笑，处世刚正不阿。陈蕃的汝南同乡谢子微，见到尚在弱冠之年的许靖时，曾经说过这样的话："像许子政这样的人，有捍卫国家的才能。而他的不苟言笑，忠贞耿直，则和陈仲举有一比。"把许靖的忠贞耿直与陈蕃相比，既是对许靖的褒奖，也是对陈蕃的肯定。陈蕃是一个忠贞耿直的人，见到不合理、不公平的事情，忍不住就要说，而且往往不讲究方式，直来直去，如实道来，没有什么忌讳。这会让很多人受不了，甚至下不了台，弄得对方很没面子。因为，很多人都知道实话难听。陈蕃在官场上要讲实话，有什么话直言不讳，理解的人会视其为好意，不理解的人则会认为他在故意使人难堪。陈蕃在周景手下做官，就是因为得不到理解，才愤然辞职的。

救乡党敢施援手

陈蕃辞去别驾从事之后，回到了家乡汝南平舆。他又像往常一样，继续造福乡梓，为乡亲们做好事。虽然仕途方面未有进展，但他过得却很充实。

陈蕃回乡期间发生了一件事，让他寝食难安，愤然而起。

汝南郡有一人名叫李宣，字公休，官做得很大，曾官至太尉。李宣有个儿子名叫李表，也很有才能。李表出身官宦之家，却不愿依靠家庭背景，而是要自强自立。当时，寇端任宋城县令，知道李表有才干，就征召李表出任宋城县主簿。李表并不因主簿官小而拒绝，而是欣然前往。可是，到任之后，他看不惯当时官场那种乌烟瘴气的现象，再也不愿意做县里的小吏，就在县衙门外焚烧自己的官服，借以发泄胸中的不满。寇端认为李表这样做是在给他难堪，一怒之下把李表抓了起来，投进监狱，还准备审实之后把他杀了。

陈蕃和李宣是旧相识，对李表也很了解，和寇端也熟识。得知这件事情之后，他弄清楚了事件的来龙去脉，深为李表鸣不平。李表只是宋城县的一个主簿，仅仅是因为不愿意做小吏，搞出一些过激的事情，就要被杀头，也太恐怖了吧？比较一下陈蕃当初不应周景的征召时，周景采取的办法，不难看出寇端是一个意气用事的人。陈蕃因为与当事人都认识，并且不认可寇端的做法，于是他要亲自走一遭，来调解这件事。

陈蕃准备为李表说情，就先到京师会见了李表的父亲李宣，看一看他对这件事情的态度。李宣见了陈蕃，问他因何事而来，陈蕃回答说："我想见宋城县令寇端，为足下的儿子求个情。所以先来见你一面。"李宣慨然道："我的儿子犯了罪，如果罪应当死，那就是他该死。如果不该死，宋城县令岂能够枉杀我的儿子？你还是应该从这里回汝南去，不要去见寇县令了。"陈蕃认为，李表还是个孩子，只是头脑一时不冷静，做了一些不该做的事情，虽然让县令有点下不了台，但顶多是藐视官府，并没有造成多么严重的后果。寇县令如果逞一时之快，杀了李表，那就是因一点小事而白白断送了两条人命。因为，从事情的前因后果来看，李表罪不至死。寇端如果为泄私愤而杀了李表，即便李宣不出面，也会有人出面弹劾寇端，那个时候，寇端也难逃一死。

尽管李表之父李宣明确表示，不希望陈蕃介入此事，但此事后果非同小可，陈蕃不敢大意，还是只身一人到了宋城，面见县令寇端。寇端一见陈蕃，先问他是否去了京城，在京城是否见到了李宣，李宣究竟对他说了些什么。陈蕃就把与李宣见面的真实情况告诉了寇端，并深有感触地说："李宣真是一位注重名节的人啊！"言外之意，李宣很看重自己的官声，不会因为李表而以势压人，而是希望寇端能够秉公处理。寇端问知详情，知道李宣没有护犊子的想法，也就原谅了李表，把李表放了。

陈蕃是一位正直的人，李表事件的是非曲直，一目了然：李表年少气盛，才会做出焚烧衣帽之事；寇端为争一口气，也不愿服软。所以，事情就僵在了那里，需要一个持正公允的人居中调停。所以，暂时赋闲的陈蕃就充当了和事佬。李表是李宣之子，陈蕃前去宋城为李表说情，需要征得李宣的同意。李宣也看到了问题的症结所在，所以建议陈蕃回汝南，让寇端秉公处理。可陈蕃出于对人才的怜爱，还是到了宋城。他见了寇端，没说一句为李表求情的话，只是在寇端的反复追问下，才把李表之父李宣的话告诉了寇端。有了陈蕃给的台阶，寇端的气自然消了大半，和李表之间的个人恩怨于无形之中涣然冰释。

辞征辟以待时清

陈蕃辞官之后，赋闲在家，等待新的机会。赋闲在家的时候，陈蕃不计个人荣辱得失，为家乡做好事，做实事，努力造福乡梓，赢得了乡亲的赞誉。

鉴于陈蕃的能力和对家乡的贡献，汝南郡再次向朝廷举荐陈蕃。前一次举荐为孝廉，看重的是他的孝行和品德；这一次则是举荐他为方正，全称贤良方正。汉代察举制，设有贤良方正科，属于特殊举荐，不是常科。常常是国家遇到危难时，为选拔非常之才，朝廷下诏，由郡国守相按照规定举荐。西汉孝文帝时，曾经下诏"举贤良方正直言极谏者，以匡朕之不逮"。有才能，德行好，又正直的人，立于朝堂之上，才能够发现朝政之得失，才敢于犯颜直谏，才能匡正君主的过失。汝南郡举荐陈蕃为方正，给了陈蕃再次踏上仕途的机会。

然而，陈蕃这一次却拒绝了。陈蕃当初被汝南郡举荐为孝廉之时，其道德品行已经得到乡党的推崇；如今，陈蕃再次得到汝南郡的举荐，被举荐为方正，是陈蕃的才能和品格，再次受到了乡党的肯定。陈蕃是一个刚直不阿、直言敢谏的人。被举荐为方正，正好可以发挥他直言敢谏的性格，按照常理，陈蕃应该欣然接受。可是，陈蕃放弃了再次进入仕途的机会。是他不愿意进入仕途了吗？《后汉书·陈王列传》中没有说明原因，其他相关文献对此也没有记载。推测陈蕃拒绝再次进入仕途的原因，或许是因为方正和孝廉一样，入朝之后只是一名小官，说话做事都要看他人的脸色。陈蕃是有大志向的人，看人脸色，仰人鼻息，是陈蕃所不屑的。当然，或许还有另外一种原因，那就是陈蕃感受到了乡党对他的厚爱，认为乡党已经给了他一次机会，他不想再占用一次，而是想把机会留给他人。

也许，陈蕃正等待那真正属于他的机遇……

陈蕃虽然拒绝了汝南郡的举荐，但他依然在尽心竭力地维护着汝南名士群体，维护着那些真正有才能的人，维护着那些对国家和百姓有用的人。这与他“大丈夫当扫除天下”的志向是一致的。要荡涤世间一切污泥浊水，扫除一切不平之事，还社会以清明，还百姓以安乐，这需要更多的人同心勠力，努力奋斗。赋闲时期的陈蕃此时最需要的是坚守，坚守士人的节操，等待最好的出仕时机。

在汝南赋闲期间，尤其是拒绝了郡里举荐他为方正之后，陈蕃在汝南郡声誉鹊起，名重当时。家乡许多后进之士了解了陈蕃的为人，都想结识这位高洁不群的名士，于是他们先后去拜访，向他请益。汝南的青年才俊，几乎都和陈蕃有过交往。只有主持“月旦评”的许劭，始终没有拜访陈蕃。陈蕃和许劭都是汝南平舆人，居住的地方相距也不是很远。许劭当时和堂兄许靖共同主持“月旦评”，品评天下人物，影响很大。陈蕃已经名声在外，如果前去拜访许劭，则有请其美言之嫌，于理不顺。而且，从年龄上来论，陈蕃的年龄属于许劭的父亲辈，如果陈蕃主动前去，于情不合。但陈蕃似乎很在意与许劭的会面，他曾经对人说：“长幼之序不能废除了。许君难道想废除长幼之序吗？”陈蕃说这样的话，是有意和许劭见一见，只是他的年龄比许劭大，按照儒家主张的长幼之序，应该是许劭先来拜见他。他如果主动去见的话，就坏了长幼之序的规矩。许劭听到后，说：“仲举就像巍巍高山，百川都不能往他那里去。”言外之意，陈蕃自视甚高，容易拒人千里之外，所以，许劭终究没有去拜访陈蕃。

陈蕃与许劭是当时汝南郡最著名的两位乡贤。二人居所近在咫尺，却碍于各种原因，始终没有见上一面，留下了许多的遗憾，错过了太多的精彩。

陈蕃真正步入仕途，是从得到太尉李固的举荐开始的，而此时已经是汉冲帝时期。这是东汉末年最为诡谲的时期，也是最让人难以捉摸的时期。陈蕃就是在这样一种特殊的时代背景下，再次步入仕途的。当时，朝廷急需各种人才，下令公卿和郡国举荐人才。李固以太尉之职举荐汝南名士陈蕃。这一次，陈蕃没有拒绝，而是欣然出仕。该抓住的机会，陈蕃是不会错过的。

四年四帝太反常

建康元年（144），年仅35岁的汉顺帝去世。35岁正是人生最具创造力的好时期，但是，汉顺帝却在这个时候丢下了大汉江山，撒手人寰了。更为诡谲的是，这一年的四月，汉顺帝刚刚把年满2岁的皇子刘炳立为太子，而到了八月，汉顺帝就去世了。按道理，像汉顺帝这样正处在风华正茂的年龄，又刚立太子，少了立储之争，正可以凝神聚力，放手有一番作为。可是，春秋正富的汉顺帝竟然毫无征兆地去世了。按照汉朝惯例，皇帝年幼，皇太后可以垂帘听政。皇太后是大将军梁冀的妹妹，所以，朝政实际上是由梁冀把持的。汉顺帝去世后，以太尉赵峻为太傅，大司农李固为太尉，参录尚书事。汉顺帝下葬后，朝廷即颁诏，下令三公、特进、侯卿、校尉等举荐贤良方正、幽逸修道之士各一人。

陈蕃就是因为这个机缘被举荐入朝的。《后汉书·陈蕃传》说“太尉李固表荐，征拜议郎，再迁为乐安太守”。陈蕃此时被举荐入京，距离上次在京为郎中，已经过去了许多年，距离出任豫州刺史周景的别驾从事也已有三四年的时间了。

这期间，朝政不仅没有变得清明，汉室宫廷的气氛反而更加诡谲，更加令人难以捉摸。汉冲帝即位后，改元永嘉。可是，这一年的正月，年仅3岁的汉冲帝就莫名其妙地死了。汉顺帝后梁皇后一直没有生育儿子，所以，汉顺帝到了35岁那年才立虞贵人所生的刘炳为太子。虞贵人在朝中没有靠山，势力微弱，她的儿子刘炳怎么能够在皇帝宝座上坐稳？所以，汉冲帝的死，说不正常，其实也正常。

汉冲帝刚刚死去，朝中的帝位之争就已经白热化了。以太尉李固为首的朝中大臣把清河王刘蒜从清河征至京师，打算让刘蒜继承帝位。然而，大将军梁冀也有他的打算。在汉冲帝生病期间，梁冀就悄悄地把千乘王刘伉的曾孙刘缵秘密接到了洛阳都亭驿站。汉冲帝一死，梁冀和皇太后就在宫中秘密商定，立刘缵为帝。梁冀以大将军的身份，手持符节，亲自迎接乘坐青盖车的刘缵进入南宫，先封刘缵为建平侯，紧接着就扶持刘缵即皇帝位，是为汉质帝，改元本初。这一年，继位为帝的刘缵只有8岁。显而易见，梁冀立刘缵为帝，是因为刘缵年纪尚小，他可以和皇太后继续执掌朝政，把持朝中大权。李固等大臣虽然不赞成梁冀这种做法，但也无可奈何，只好默认。

从汉顺帝到汉质帝，仅仅两年多的时间，东汉走马灯似的换了三位皇帝。大臣们虽然有意见，但慑于梁冀的淫威，许多人都是敢怒而不敢言。汉质帝只有8岁，依然由梁太后垂帘听政，梁冀则成了名副其实的摄政王。但8岁的汉质帝已经懂得许多事情。他即位以后，对梁冀的专横跋扈十分不满。有一次，他当着满朝文武的面，称梁冀为“跋扈将军”，惹得梁冀大怒。梁冀立刘缵为帝，本来是看他年幼，容易控制，可梁冀万万没有想到，刘缵竟然不听摆布，还当众出他的丑，让他十分难堪。于是，梁冀命人暗中毒死刘缵。刘缵即位仅一年，刚满9岁，就被梁冀暗施毒手杀害了。

汉质帝死后，在立何人为帝的问题上，梁冀与以李固为代表的朝廷大臣发生了激烈的冲突。汉冲帝刘炳是汉顺帝亲自立的太子，虽然当时只有2岁，但即皇帝位名正言顺。到了刘缵的时候，李固等大臣认为应该选择一位年龄大一些、有从政经验、能够治国理政的刘姓王子做皇帝。而梁冀担心的就是这一点。虽然李固没能阻挡梁冀立刘缵为帝，但也已经让梁冀很不高兴了。这一次，梁冀知道李固肯定还会出来阻拦，与他唱反调，所以，为了防患于未然，梁冀在汉质帝死后，立即罢免了李固的太尉之职，让一向谨小慎微的胡广代替李固为太尉。在汉代，太尉掌兵权，是实权人物。如果太尉不合作，事情就很难办。梁冀知道这一点，所以先把李固的太尉之职免了，然后再行立皇帝之事。他像当初迎接汉质帝那样，持符节亲自把年仅15岁的蠡吾侯刘志迎入南宫，当日就让刘志即位，是为汉桓帝，改元建和。

自建康元年（144）汉顺帝去世，到建和元年（147）汉桓帝即位，东汉接连换了四位皇帝。这速度确实够让人惊讶的，在中国历史上也是史无前例的！所以，人们都怀疑这其中必定有不可与人言说的阴谋，而手握生杀予夺大权的梁冀就是被怀疑的首要对象。可是，怀疑归怀疑，抓不住真凭实据，人们还是拿梁冀没有办法。于是，在汉桓帝即位这年的十一月，清河刘文起兵反叛朝廷，杀了清河相谢暠，准备立清河王刘蒜为帝。由于谋事不密，刘文反而被杀，清河王刘蒜也受到牵连，被贬为尉氏侯，流放到桂阳。清河王刘蒜受不了这种侮辱，自杀身亡。而前任太尉李固、杜乔等人也因当初主张立刘蒜为帝而受到牵累，下狱处死。因此，当时京师洛阳有民谣述说这些事情："直如弦，死道边；曲如钩，反封侯。"所谓"直如弦"，说的是李固等正直大臣，敢于直言进谏，敢于直面现实，正直得像一条绷直的琴弦，结果却一个个被杀，弃尸路边；而像胡广那样明哲保身、趋炎附势的人，在强权面前身体弯曲得像钩子那样，这样的人反而封了侯。这真是莫大的讽刺！

所幸的是，陈蕃在太尉李固被杀之前，就已经离开京师，到外地为官了。

虚位以待真人才

陈蕃是建康元年（144）由太尉李固举荐入京为官的。到京师后，陈蕃被任命为议郎，但很快就被外放，出任乐安太守。按照汉朝的官场惯例，举荐者和被举荐者犹如师生之谊。若被举荐者出了问题，举荐者是要负连带责任的。而若举荐者出了问题，被举荐者也可能受到牵连。陈蕃是李固任太尉时举荐的，而此后仅三年，李固就被杀了。所以，从这一时间节点，再结合陈蕃没有受到李固事件的牵累，可以断定陈蕃在朝廷任议郎的时间并不长，很可能是在李固被杀之前，陈蕃已经外放，出任乐安太守了。就此推断，陈蕃出任乐安太守应在建和元年（147）之前。

乐安原来叫作千乘，郡治千乘县（今山东高青县），孝子董永的故事就发生在这里。董永幼时丧母，和父亲一起生活。可不料父亲年纪轻轻就去世了，董永家里贫寒，没钱安葬父亲，打算卖身葬父，一富户借给董永一万钱，让董永安葬父亲。董永为父亲守丧三年期满之后，到富户家做佣工。一天，董永在路上遇见一个美妇人，表示愿意做董永的妻子。董永和美妇人一起来见富户，富户表示原来给董永的钱是赠予的，不让董永还了。董永十分感谢富户，表示一定要尽心尽力报答其大恩大德。富户于是提出，让美妇人织绢百匹，就算是还了那一万钱了。美妇人心灵手巧，十天就织绢百匹，帮董永赎了身。董永在美妇人的帮助下，得以重归自由。离开富户家之后，美妇人对董永说，她是天帝的女儿，天帝被董永的孝心所感动，派她下凡帮助董永。刚刚说罢，美妇人忽然就不见了。这个故事发生在汉和帝之前。汉和帝时，千乘更名为乐安，郡治移至临济县（今山东高青县东南），属于青州管辖。陈蕃第一次出任地方长官，就来到乐安这个有着丰富文化底蕴的地方，自然要好好利用这一舞台，努力施展自己的政治抱负。

陈蕃深知人才乃兴业之本，所以，到任以后他格外注重选拔人才。当时郡中有一人，名叫周璆，字孟玉，是乐安临济人。此人品行高洁，能力出众，为乡里所敬重。陈蕃之前的郡守仰慕周璆的道德人品，多次征召他出来做官，但都遭到了周璆的拒绝。但是，陈蕃上任后，成功把他请了出来。陈蕃在郡衙放置一张卧榻，卧榻上放置一个写有“周孟玉”的标签，那是周璆的专座。周璆来郡衙时，陈蕃就让人把这张卧榻放下来。周璆走了，就把这张卧榻悬挂起来。这种方式与当年豫州刺史周景请他出任别驾从事颇为相似。陈蕃活学活用，以此表示对人才的敬重。当初陈蕃被周景用这种法子请了出来，如今陈蕃依样画葫芦，只是把马车换成了卧榻，虚位以待周璆出山。人同此心，心同此理。周璆也被感动了，终于愿意出山为郡中百姓效力。

陈蕃深知，治理郡国需要人才。他这样对待周璆，是尊重真正的人才，是想为更多的人才提供平台，让他们为百姓造福。但是，汉代已经实行了几百年的察举制，在实践过程中已经暴露出许多弊病。有的人善于钻察举制的空子，沽名钓誉，进而得到州郡的举荐。陈蕃是从乡野走出来的官员，对察举制的弊病心知肚明，对钻制度空子的人则是不留情面，情况严重者则要治他的罪。

乐安是孝子董永的故乡，董永的故事影响很大。乐安郡有一人名叫赵宣，挖空心思在孝道方面做文章。父母去世后，他安葬了父母，却不封闭墓道，而是长期住在墓道里，一住就是二十多年。乡里乡亲都说赵宣孝顺，能够坚持为父母守丧。赵宣的孝顺之名传至州郡，州郡就把赵宣当作孝顺的榜样，多次请赵宣到郡中做官。陈蕃到任后，有人向他推荐赵宣，说他如何如何孝顺，并对其在墓道里居住二十多年表示赞叹。

既然那么多人都说赵宣孝顺，陈蕃也不能违背众意，只好顺水推舟，去见一见赵宣这个人。相见之后，陈蕃询问赵宣妻子儿女的事情，赵宣回答说有五个儿女。陈蕃打听了赵宣五个儿女的年龄，发现都是赵宣在墓道服丧时所生。陈蕃问明实情，不仅没有赞扬赵宣，反而勃然大怒，呵斥道："圣人制订礼仪，贤德的人俯俯身子就能够做到了，不肖之徒努努力也能做到。祭祀先人，是为了表达敬意，所以不能次数太多，祭祀多了就容易怠慢亵渎。更何况，你与妻子在墓道里做苟且之事，是对先人的极大不敬！你用这种方式欺骗社会，迷惑众人，怎么还有脸面称作孝顺？"

中国古代对服丧有明确的规定。《礼记》中说，父母之丧，做儿女的要服丧三年，以此来报答父母的养育之恩。贤德的人对这一点很容易做到，而不肖子孙只要努力也能够做到。儿子为父母服丧，可以居家服丧，也可以在坟墓旁盖一间茅草屋，住在里面，以守护坟墓。在墓旁服丧，称作庐墓。这种情况是允许的，也是丧葬礼仪提倡的。所以，孔子去世后，子贡在孔子墓旁庐墓，受到后人的称赞。赵宣别出心裁，安葬了父母之后，却不封闭墓道，而是住在墓道里服丧，而且一住就是二十多年。按照儒家礼仪规范，父母之丧，儿子如果在外地做官，要辞官回家服丧三年，且在服丧期间不能饮酒食肉，不能与妻子同房。赵宣住在墓道二十多年，乍一看似乎比住庐墓更显敬意，但实际上他却是用这种方式沽名钓誉，欺骗善良的人们。陈蕃和他一接触，三言两语就让赵宣露出了马脚，于是陈蕃就以亵渎先人、不遵礼仪的罪名治了赵宣的罪。如此一来，那些试图走捷径博取功名的人，就不得不有所收敛了。

与李膺成为至交

陈蕃任乐安太守时，时任青州刺史的是颍川名士李膺。乐安属于青州管辖，陈蕃是李膺的属下，因此他与李膺有了较多的交往，并与之结下了深厚友谊。

李膺，字元礼，颍川襄城（今河南襄城县）人。李膺出身颍川望族，他的祖父李修，汉安帝时官至太尉，父亲李益曾任赵国相。李膺出身望族，受过良好的家教。但他生性简约高傲，不轻易与人交往。出仕之前，他交往的人只有颍川同乡荀淑和陈寔二人。这两位都是深受乡党尊敬的道德高尚之士，名重当时。李膺与他们过往甚密，互为师友。李膺年纪轻轻就被举为孝廉（当时举孝廉没有40岁的限制）。胡广接替李固为太尉的时候，征召李膺进京。李膺从此进入仕途，并很快升任青州刺史。胡广第一次出任太尉一职，在汉质帝本初元年（146）。梁冀毒死年仅9岁的汉质帝之后，为进一步控制朝政，罢免了太尉李固，让司徒胡广接任太尉，执掌兵权。汉桓帝即位后，于建和元年（147）接连发布诏书，命令大将军、公卿、校尉举贤良方正、能直言极谏者各一人，又令大将军、公卿、郡国举荐至孝笃行之士各一人。李膺就是这个时候被胡广举荐征辟的。李膺出身官宦世家，起点又高，所以当他再次升职的时候，就被朝廷外放，出任青州刺史。

李膺是有名的铁面刺史。他在青州，执法严明，不惧权贵，严厉打击贪官污吏，对那些惹民愤且不知收敛的贪官污吏惩罚起来毫不手软，以至很多官员都害怕李膺。东汉桓、灵之世，朝廷腐败，贿赂公行，郡县官场的腐败可想而知。李膺上任之后，严肃查处贪官污吏，掀起了一阵廉政风暴，搞得青州所辖郡县的太守和县令人人自危，尤其是那些有污点、有恶行的官员，他们平时贪腐惯了，哪里经得起查处？很多人担心被李膺治罪，就纷纷弃官而逃。这就是史官说的“李膺为青州刺史，名有威政，属城闻风，皆自引去”①。

在青州所属郡县的郡守和县令闻李膺之名望风而逃的时候，陈蕃正按照自己的计划在乐安为百姓做事情。乐安虽然在青州管辖范围之内，但陈蕃清正廉洁，奉公守法，何惧之有？陈蕃严惩不法之徒，与李膺相呼应，在乐安也引起了不小的轰动。他为乐安百姓做了许多好事，政绩卓著，声名在外。

陈蕃与李膺，一为汝南人，一为颍川人。二人不仅家乡相邻，而且有相同的抱负，性格也有诸多相近之处。他们都是坦荡正直之人，疾恶如仇，刚直不阿，立志扫除官场恶习，消除社会腐败，为国家、为百姓多做点好事。古语有云：“君子坦荡荡，小人长戚戚。”为官行得正，坐得端，无愧于心，无愧于民，无愧于家国百姓，有什么好怕的呢？而那些害怕李膺的郡守、县令，如果不是担心被李膺抓到把柄，何必闻风而逃？两相比较，就可以看出陈蕃在乐安太守任上确实做了许多有利于百姓的事情，是一个称职的郡守。

陈蕃在乐安太守任上做得比较得心应手，应该说与青州刺史李膺的支持分不开。在此之前，陈蕃和李膺没有多少交集，只是家乡相邻，相互有所耳闻而已。但是，两个人都是性格耿直之人，都是不喜交结之人，都是疾恶如仇之人，也都是有着浓厚家国情怀的人。诸多相似之处，使二人同气相求，惺惺相惜。二人互相敬重，互相倚重，互相支持。历史无意中给了他们

---

① 《后汉书》卷六十六《陈王列传第五十六》。

一个机会，让他们在青州相识。他们牢牢地抓住了这样一个机遇，在青州建立了深厚友谊，为以后并肩与朝中邪恶势力做斗争奠定了感情基础。

严惩权贵的使者

陈蕃在乐安太守任上不仅做出了一番成就，而且还表现出不畏强权的坚定性格，赢得了“不畏强御陈仲举”的美誉。

陈蕃任乐安太守时，朝中大权为大将军梁冀所把持。当时，梁冀权倾朝野，生杀予夺全在梁冀一句话。一些人趋炎附势，拼命巴结梁冀，想为个人捞取更多的好处。朝中一些正直之士，对梁冀敬而远之，退避三舍。陈蕃很清楚朝廷的形势，他看不上梁冀那副做派，对其独揽朝廷大权更是颇有微词。

李固被杀对陈蕃影响很大。李固是陈蕃的恩人，陈蕃之所以能够再次出仕，并成为乐安太守，李固发挥了决定性作用。然而，汉质帝死后，在立帝的问题上，李固与梁冀发生了尖锐冲突。李固坚持要立清河王刘蒜，而梁冀捷足先登，立千乘王刘缵为帝。梁冀后来利用清河刘文造反一事，贬斥清河王刘蒜，并杀了当初坚持要立清河王的李固和杜乔等。这件事对陈蕃触动很大，也让他进一步看清了梁冀的奸佞嘴脸，坚定了与奸佞斗争到底的信心。

建和二年（148），梁冀把手伸到了乐安，想在乐安搞点事情，便派遣使者拿着他的书信，来乐安找陈蕃，请陈蕃给行个方便。在梁冀看来，让陈蕃办事，是看得起陈蕃，是给陈蕃一个巴结他的机会。但陈蕃是耿直之士，哪里会吃他这一套。来人自恃是梁冀的使者，拿着梁冀的手札，趾高气扬地来见陈蕃。他到了太守衙门，声言是朝廷使者，指名道姓要见陈蕃。陈蕃刚开始以为是朝廷使者，当得知来人是梁冀的使者时，陈蕃拒不相见。使者见不到陈蕃，觉得无法回去交差，就想了个办法，假装是别的客人，来求见郡守。陈蕃接见他之后，明明知道是梁冀的信使，却故意不说破。闲扯几句之后，以欺瞒上司之罪，把使者抓了起来，用法杖当庭把梁冀的信使打死。梁冀想让陈蕃帮他做事，不仅没有得逞，还吃了个哑巴亏，说又说不出来，最后只好找个理由，将陈蕃贬为修武令。陈蕃虽然遭贬了，但其不畏强御的名声却传扬了出去，当时太学生中流传着“不畏强御陈仲举”，对陈蕃不畏强权的行为给予了高度赞美。

当然，陈蕃也不是一个人在战斗。由于看不惯梁冀假公济私、祸国殃民的做派，在陈蕃被贬为修武令的时候,也有一些正直之士挺身而出。当时，皇太子生了病，梁冀以为发财的机会到了，便借机派遣使者到各个郡县购买珍贵药材，从中渔利。使者拿着梁冀的书信，到京兆（今陕西西安）购买牛黄。南阳人延笃当时为京兆尹。使者到了京兆，面见延笃，并呈上梁冀的书信，想请延笃行个方便。延笃看过梁冀的书信之后，立刻把梁冀派来的人抓了起来，说：“大将军是皇帝的外戚，皇太子生了病，一定是马上请太医诊治，怎么可能开出治病的药方，派遣使者到千里之外购买珍贵药材？”于是就把梁冀的使者杀了。消息传到梁冀那里，梁冀自知理亏，虽恼羞成怒，却也无话可说。但梁冀咽不下这口气，事后不久，就让手下寻找延笃的把柄，准备治延笃的罪。延笃一看势头不对，就自称身体不好，上表请辞京兆尹之职，不和梁冀打交道了。

陈蕃是一个疾恶如仇的人。他在乐安太守任上，拆穿赵宣假孝顺的面具，以亵渎先人和神灵之罪把他投进监狱。对于梁冀的使者，陈蕃更是毫不手软。用今天的眼光看，梁冀的使者也许罪不至死，不就是隐瞒了一下身份嘛，何至于死罪？如果换一个人，陈蕃也许根本不会追究。陈蕃杀他，是出于对梁冀的愤怒，把梁冀的使者当作了替罪羊。当然，从陈蕃和延笃怒杀梁冀使者不难看出，梁冀虽然大权在握，但他的所作所为令人不齿，人们奈何不了手握大权的梁冀，但对其爪牙却是毫不留情。从这两件事不难看出，梁冀当时已经成了士人的公敌。陈蕃杀梁冀的使者，只是出一口胸中的恶气罢了。

大约在汉桓帝永兴元年（153）前后，陈蕃奉调回京，升任尚书，从此开始了一段在朝为官的仕宦生涯。人们常说伴君如伴虎，在大将军梁冀把持朝政的异常氛围下，入朝为官风险更大。但既然走上了仕途，陈蕃就不会后悔。他怀着一颗为国为民的赤诚之心，恪尽职守，尽职尽责，努力做好自己分内的事儿。至于成败利钝、褒贬毁誉，他倒是不太在意了。

为百姓直言切谏

少年时期就立下“扫除天下”之志的陈蕃，深知百姓疾苦，对百姓有很深的感情。他在朝为官的时候，常常为百姓代言，替百姓发声，把百姓的疾苦放在心上，为此他不顾个人安危，敢于犯颜直谏。

汉桓帝时，边远地区经常发生百姓造反的事情。天灾人祸，沉重赋税，再加上苛政暴政，使一些边远地区的老百姓生活困难，生存艰难。而当地的官员只顾自己享乐，不管百姓死活，对地方政权失去了有效管控，所以，时不时就有人揭竿而起。有些山贼本是贫苦人家出身，但为了活命，他们不得不掠夺百姓财物，危害社会秩序。当时，南方的零陵、桂阳等郡，有人占山为王，为害百姓。朝廷闻报，原本是准备派遣军队前去围剿，但只是议论了一下就被放下了，没有人再提起这事儿。

朝廷置百姓死活于不顾，却下诏让各个州郡举荐孝廉方正、贤良茂才，招揽各类人才。如果州郡执行朝廷指令，忙于为朝廷举荐人才，围剿山贼的事就会无限期地搁置下去，零陵、桂阳百姓的苦难日子不知何时才是个头。而且，零陵、桂阳等郡由于发生了骚乱，也没有办法落实朝廷举荐人才的任务，这对零陵、桂阳等郡的人才也是不公平的。陈蕃看在眼里，急在心里，于是他怀着对百姓的赤子之情慨然上书朝廷。

陈蕃上书先举汉高祖刘邦的例子，他说："昔高祖创业，万邦息肩。抚养百姓，同之赤子。"意思是说，当年汉高祖刘邦建立大汉朝，让天下的百姓休养生息。他对待老百姓，就像对待刚生下来的婴儿那样，尽心尽力地呵护。陈蕃上书的着眼点，是汉高祖视百姓如赤子，对天下的百姓一视同仁。然而，反观今日的情况如何呢？零陵、桂阳二郡的老百姓在山贼的侵扰下，度日如年，惶惶不可终日。他们也是皇帝的子民，朝廷怎么能够忍心看着这些子民遭受迫害而无动于衷呢？他们之所以遭受这样的磨难，难道不是那里的官员贪污腐败造成的吗？朝廷应该仔细分析百姓造反的深层次原因，下令严查那里的刺史、郡守和县令，查他们任职的时候做了哪些侵害百姓利益的事情，致使百姓揭竿而起，落草为寇。要平息百姓之乱，最好的办法不是劳师远征，因为那如同猫鼠游戏，你进他退，你退他进，没完没了。而应该从根本上解决问题，这就需要选拔清正廉洁、爱护百姓的官吏去治理。再说了，朝廷颇多冗员，五官署和左署、右署的郎官和属吏有两千多人，太尉、司徒、司空三府的掾属也超出了规定的数目。应该从中选择德才兼备的人，授予官职；找出那些品行不端又无才能的人，把他们罢免。这样就不用再下诏书选拔贤才，也可以杜绝选拔官吏中的请托之风。

陈蕃的上书，把零陵、桂阳等郡发生山贼事件的原因归咎于所在州、郡、县的长官贪污腐败、横征暴敛，把官员不称职归咎于请托之风盛行的选拔制度，虽然一针见血，切中时弊，却也得罪了一大批人——既得罪了零陵、桂阳等郡的官员，也得罪了身边的同僚。这件事情，陈蕃的初衷是好的，上书所言也是实情，但他有意无意中却得罪了许多人，因此，免不了有人在当权者那里给他“上眼药”，说他的坏话。更何况，当时还是大将军梁冀把持朝政，陈蕃杖杀其使者的冤仇还没有报，梁冀不会轻易放过陈蕃。所以，陈蕃上书之后不久，就因为这件事被贬出京城，外放为豫章太守。

陈蕃下徐孺之榻

豫章就是今天的江西南昌市。汉高祖刘邦时，在今江西南昌设置豫章郡，治所在今南昌市，辖境大约相当于今江西省，属扬州刺史部管辖。隋朝杨坚开皇年间改为洪都郡。“初唐四杰”之一的王勃在其著名的《滕王阁序》中，对豫章郡的地理位置有这样的描述：“豫章故郡，洪都新府。星分翼轸，地接衡庐。襟三江而带五湖，控蛮荆而引瓯越。”这里属于二十八宿中的翼星和轸星的分野之地，南接衡山，北连庐山。这里物华天宝，人杰地灵，历史上曾经出现了许多很有影响的人物。如有“隐逸诗人之祖”“田园诗人之宗”美誉的陶渊明，就是豫章柴桑（今江西九江）人，还有后来的欧阳修、杨万里、曾巩等，都是赫赫有名的人物。陈蕃出任豫章太守的时候，与这里的官员、百姓打成一片，和他们交朋友，赢得了很好的声誉。

陈蕃深知治国理政，人才为本的道理，到任之后，像当初任乐安太守那样注重招揽人才。他恭请的第一个人才就是徐稺。

徐稺，字孺子，豫章南昌（今江西南昌）人。他出身贫寒之家，亲自耕田种地，自食其力。但他安于这种耕读持家的生活，平时吃的东西，不是自己耕种的就不食用。他待人接物很有修养，非常有礼仪，很少见他与人发生争执。当地的人都很佩服他的道德操守，一提起徐穉，无不交口称赞。

徐穉在当地名声很大，是公认的人才。前几任郡守请他出来做官，他都一概推辞，陈蕃就任豫章太守之后，得知徐穉是一个道德高尚的人，也很有才能，就礼请他出来做豫章郡功曹。郡功曹相当于郡守的助理，负责一郡官吏的人事工作，包括选用官吏的考察，已任官吏的政绩记录等。一向高傲的徐穉，对之前的郡守都不给面子，但对陈蕃却打破常规，放下身段，答应出任郡功曹。他去谒见陈蕃，二人一见，相谈甚欢。陈蕃到豫章后，为避免引起不必要的麻烦，从来不在郡衙接待宾客。只有徐穉到来时，他才在郡衙接见。

为了与徐穉能够更亲近地交谈，他像当初在乐安做太守对待周璆那样，在郡衙中设置一个卧榻，徐穉来郡衙时，就把卧榻平放下来，作为徐穉的坐具。等徐穉离开之后，陈蕃就把卧榻悬挂起来，不许别人使用。徐穉感受到了陈蕃对他的尊重，就尽心竭力辅佐陈蕃。二人名义上为主从关系，私下则更像是好朋友。

陈蕃此举也成为礼敬贤士的典故，时常为人们所提及。如南朝陈徐陵《与李颙之书》称赞李颙之“公辅之量，不负高名；王佐之才，信表天骨；孺子之榻，虽其可悬；仲举之车，弥轸恒眷”；王勃在《滕王阁序》中，也引用了这一典故，称“物华天宝，龙光射牛斗之墟；人杰地灵，徐孺下陈蕃之榻”；宋代赵彦卫对于陈蕃尊重贤士的做法给予热情赞美：“陈蕃能尊敬贤士，为豫章太守，则下徐孺之榻；为乐安太守，则下周璆之榻。”陈蕃是一个志在天下的人物，他非常明白这样一个道理：人才是治国理政之本。不论在朝为官，还是外任刺史、郡守、县令，手下没有得力的人才，一切都无从谈起。故古语云：“得人才者昌，失人才者亡。”

正是因此，历代统治者无不把选拔人才放在非常重要的地位。汉末大乱时，曹操奉汉献帝都许之后，自知成大事者必以人才为本，而当时百废待兴，人才短缺，于是连续发布了多道求贤令。他深知“有行之士未必能进取，进取之士未必能有行”的道理，曹操在《举贤勿拘品行令》中，对那些“负污辱之名，见笑之行；或不仁不孝，而有治国用兵之术”的人才，也表示出极大的兴趣，希望能够举荐上来。曹操最终能够统一北方，与他这种用人政策有很大关系。

当然，陈蕃敬重的徐稺是一个品行高尚的人，是一个有才能的人，也是一个非常重感情的人。尽管前任很多官员请他出山为官，他都拒绝了，但他内心对这些官员还是很感激的，首先是因为这些官员慧眼识才，其次是他们能够尊重他的意愿，没有强迫他出来做官。所以，当得知那些曾经征召他出来做官的人不幸去世的消息时，徐稺总是不辞辛劳行千里、万里之远，一个人带着祭品，前往拜谒祭奠。他拜谒祭奠的时候，总会带着一只烤鸡。为防烤鸡腐烂，他用浸透了酒的棉布晒干后，包裹住烤鸡。到了坟茔前，他把棉布用水浸透，拧出水来做酒用。然后再供上烤鸡等祭品，一个人静静祭拜。祭拜完毕后，就悄悄离开，从不去会见死者的家人。但是，就是这样一个性格独特，为人处世异于常人的人，却和陈蕃成了好朋友。陈蕃对徐稺非常敬重，徐稺每次来郡衙与陈蕃会面后，陈蕃都要亲自送徐稺出郡衙。有一次，陈蕃送徐稺出郡衙后，站在那里目送徐稺离去。一同出来送客的主簿对陈蕃说：“大家都认为太守您应该先回郡衙。”陈蕃说：“当初周武王乘车去看望高士商容，为了表示对商容的尊敬，周武王一直是半蹲着和商容交谈，席子就没有暖热过。如今我这样目送贤士离开，有什么不可以的吗？”

陈蕃尊重有真才实学的人，也是真正尊重人才。他身为太守，送属下离开，不仅送到衙门之外，而且还能够恭敬地站立，目送属下离去。这不仅是“礼贤下士”，而且把人才当成好朋友真诚相待，充分体现出陈蕃待人的一片真情。

满城百姓送太守

陈蕃生性峻急，自视甚高，平时很少和人来往。与人交往和处理公务时，他都是严格按照礼法制度，很少变通。当地百姓和士人，也把陈蕃看作是高不可攀之人，有高山仰止之感。但陈蕃不存私心，不谋私利，尽心竭力为当地百姓造福，确实赢得了百姓的衷心爱戴。

陈蕃出任豫章太守的时候，按照当时惯例，家眷可以随同赴任。然而不幸的是，他的妻子不知是水土不服还是其他什么原因，竟然病死在豫章。陈蕃夫妻情深，为了安葬妻子，陈蕃告假扶柩而归，把妻子的灵柩从豫章护送回汝南。陈蕃妻子下葬那天，乡人仰慕陈蕃的高尚品行，纷纷前往为其妻送葬。史家称“蕃丧妻，乡人毕至”。由此可见，陈蕃的道德品行得到了乡里乡亲的高度认可。

但是，与陈蕃近在咫尺的汝南名士许劭却没有出现在送葬的人群中。有人感到不可理解，私下问许劭是怎么回事儿。许劭说：“仲举性峻，峻则少通。”意思是说：陈仲举这个人言谈峻切，待人严苛，很少变通。这样的人是不容易交往的，所以我没有参加他夫人的葬礼。许劭看人很准，他对很多人的评价，事后看来都是非常准确的。如评价曹操“治世之能臣，乱世之奸雄”，可谓一语中的，成不刊之论。他评价陈蕃“仲举性峻，峻则少通”，虽然只有八个字，却是意味深长。结合陈蕃一生的作为来看，许劭的评价是非常恰贴的。

陈蕃出任豫章太守期间，朝廷发生了一系列重大变故。汉顺帝永和六年（141）继任大将军一职的梁冀，在汉桓帝延熹二年（159），梁太后去世之后，失去了后宫的支持。而随后发生的邓猛女事件，则彻底改变了朝廷的权力格局。邓猛女之父邓香是东汉开国功臣邓禹的后代，邓香去世后，其妻薄宣改嫁梁冀之妻的舅舅梁纪，邓猛女随母到了梁家，因而改姓梁。邓猛女天生丽质，入宫做了一名采女，很得汉桓帝宠爱，后又改姓邓。梁冀为了保住自己的权位，想把邓猛女认作干女儿，将其改回梁姓。梁冀担心邓猛女的姐丈邴尊和母亲薄宣坏了他的好事，便派人暗中刺杀邴尊和薄宣。不料事情败露，薄宣直接向汉桓帝告御状。汉桓帝得知详情后，勃然大怒，并联合后宫的宦官单超、左倌、徐璜、具瑗、唐衡等人，利用邓猛女事件，将梁冀一家与梁冀妻子孙氏一家满门抄斩，结束了东汉长达数十年的外戚专权的局面。

朝廷接连经历几次大的变故后，许多大臣被杀，朝廷急需各种人才，尤其是熟悉管理朝政的人才。这个时候，朝廷想起了颇有政声的豫章太守陈蕃，于是急速召陈蕃回京，出任尚书令。

陈蕃已任豫章太守多年，与这里的官民结下了深厚情谊。得知陈蕃要回京师任职，人们舍不得陈蕃离开，以至于在陈蕃离开豫章的那天，一郡官吏和满城百姓都去恭送太守履新。面对浩浩荡荡的送行人群，陈蕃十分感慨。他感谢豫章的百姓，感谢曾经共事的僚属。但是他也知道，送君千里终须一别，离别的场面只会让人更加伤感。所以，在离开豫章郡守衙门前，他下达了最后一道命令：所有送行的人一律在外城门内止步。中国古代礼仪，官员迎来送往一般都在内城门里进行。只有天子和诸侯等十分尊贵的人，迎送才到外城门外。外城之外为郊，类似今天所说的城郊。迎送到外城之外称作“郊迎”或“郊送”。这是非常隆重的礼仪，只有天子或非常重要的使节才能享受这种礼遇，寻常官员如果享受这种礼遇，那就是僭越，是要问罪的。陈蕃奉召回京任尚书令，虽然是升职，职位也很重要，但其上还有三公九卿，还有王侯将相。所以，陈蕃把自己当作一个普通人，当作豫章百姓的朋友。他严守分际，不敢逾越祖宗留下来的规矩，命令所有送行的人只能送至外城门内。由此可见，陈蕃是一个头脑非常清醒的人，一个非常守规矩的人，也是一个非常有个性的人。

守规矩，有个性，给陈蕃带来了美誉，也让陈蕃在东汉末年这个特殊历史时期经受了更多的风雨和磨难。他奉诏回京，职务是高升了，但担子也更重了，他面对的将是皇上和衮衮诸公。所以，此行究竟是福是祸，还是福祸相依，恐怕只有天晓得了。但既然已经踏上了赴京的征程，陈蕃也就义无反顾了。

五、乐为国家荐贤才

汉桓帝延熹二年（159）八月，东汉朝廷经历了一场官场地震。专横跋扈几十年的大将军梁冀及其一党，在汉桓帝的突然打击下被诛杀，外戚专权的局面宣告结束，却开启了宦官干政的局面。在诛杀梁冀一党中立了大功的单超等宦官虽然擅长宫廷斗争，但对治国理政却是一窍不通，不堪大用。自汉顺帝去世以来，东汉迭遭变故，朝廷动荡，社会不稳，不少大臣在一次次的政治斗争中被罢免流放甚至被杀头，朝廷可用之人少之又少，出现了人才荒。治理国家急需有经验的人才，于是朝廷想到了陈蕃等正直之臣，下诏把陈蕃召至京师，任命他为尚书令。

尚书令是尚书台的长官，尚书台则是朝廷的中枢。尚书令掌决策出令，综理政务，职位非常重要。陈蕃上任后，除了日常事务，也肩负着为国家举荐贤才的重任。汉桓帝知道陈蕃与天下名士多有交往，便请陈蕃为朝廷举荐贤才。陈蕃也把举荐贤才作为自己的职责所在，把当时朝廷多次征辟而不愿出来为官的五个处士举荐给了汉桓帝。

陈蕃为人耿直，疾恶如仇，见有不平之事，常常会拍案而起。他的刚正不阿往往令一些人感到难堪，甚至下不了台。但对于那些有真才实学的人，陈蕃不仅礼敬有加，而且还乐于做伯乐，为国家推荐了不少人才。他任尚书令时，上书汉桓帝，直言人才对国家的重要性：“臣闻善人天地之纪，政之所由也。《诗》云：‘思皇多士，生此王国。’天挺俊乂，为陛下出。当辅弼明时，左右大业者也。伏见处士豫章徐稺，彭城姜肱，汝南袁闳，京兆韦著，颍川李昙，德行纯备，著于人听。若使擢登三事，协亮天工，必能翼宣盛美，增光日月矣。”陈蕃认为，道德高尚的人是天地间都会铭记的人，也是朝廷治国理政的依靠。《诗经》里说“但愿更多的人才，生长在我王治理的这个国家”。上天生出这些大贤俊才，就是为皇上效力的。让他们辅佐明君，成就大业。为此，他一口气举荐了五位隐居不仕、不应征召的贤才，他们是豫章徐稺，彭城姜肱，汝南袁闳，京兆韦著，颍川李昙。这五个人道德高尚，享誉天下，大名早为人们耳闻。如果让他们位居三公，协助天子，那么，他们一定能够把国家最美好的一面传达出来，为日月增光。

陈蕃举荐的这五位士人，都是了不起的人物。他们声名卓著，各有所长。他们的道德学问为世人所敬仰。陈蕃认为，如果能够把他们请出来为朝廷效力，一定能够产生巨大的轰动效应，也一定能够为朝廷增光添彩。

豫章第一人徐稺

陈蕃举荐的第一个处士是豫章人徐稺。

徐稺道德高尚，品行出众，能力超群。朝廷和郡守曾多次征召他出来做官，他都一概推辞。陈蕃为豫章太守时，曾经以“有道”举荐他，朝廷派人到徐稺家中，征拜他为太原太守。一个从来没有从政经验的人，直接授予太守重任，对朝廷来说这已经是破例了。可是，即便如此，还是遭到了徐稺的拒绝。

徐稺是一个留恋故土的人，他只想生活在自己的家乡，做一个自食其力的人。徐稺年轻时游学天下，曾听过黄琼授课，与黄琼有师生之谊。黄琼任太尉时，曾经用非常隆重的礼仪，请他这个学生出来为国家效力，徐稺没有答应。黄琼去世后，归葬故乡江夏。徐稺闻讯后，挑着酒肉等祭品，从豫章出发，长途跋涉数百里，到了江夏，在黄琼坟前拜祭。黄琼的孙子黄琬因父早逝，代父尽孝，辞官服丧。他听到有人在爷爷坟前哭祭，不知是什么人，就依着坟前的茅庐，随着祭拜人的哭声而流泪不止。徐稺祭奠完毕，没有递上个人的名札，就起身离去。当时，四方名士都前来吊唁黄琼，名士郭林宗（郭泰）听到哭祭声，怀疑是豫章徐稺，就派黄琼的门生茅容，骑一匹快马，前去追赶。茅容赶上徐稺后，在路途上设置宴席，款待徐稺。吃饭的时候，二人不谈黄琼，也不谈郭泰，只是说一些耕田种地的事情。临到分别的时候，徐稺对茅容说："回去替我谢谢郭林宗。大树就要倒了，不是一根细绳能够维系得了的。何必这样整天栖栖遑遑，不知道在哪里安身呢？"说完，就一个人默默离开了。

郭泰的母亲去世的时候，徐稺也是只身一人前往吊唁。吊唁完毕之后，他在郭泰母亲坟前放置一束生麻就离开了。众人见徐稺形迹怪异，都感到不可理解。郭泰说："这人一定是豫章高士徐孺子。《诗经》中不是有这样的诗句，'生刍一束，其人如玉'。我没有那么好的德行，怎么当得起这样的赞誉！"徐稺就是这样一位与众不同的人。

陈蕃举荐徐稺，是希望朝廷出面征召。可是，这一次徐稺照旧没有应召，而是继续做乡野之人。徐稺屡次不应征召，不是待价而沽，而是基于对当时朝政的判断做出的选择。他去吊唁黄琼时，对茅容说的那两句话，可以看出他对当时天下大势的基本判断：大树就要倒了，不是一根细绳能够维系得了的。这让人想起《红楼梦》中的一句话"忽喇喇似大厦倾，昏惨惨似灯将尽"。东汉末年，不就是这样的境况吗？无论外戚还是宦官，都想把东汉这座大厦推倒，把朝廷这盏油灯吹灭。朝中很多大臣都是看客，老百姓则是外围的围观者。在这种情况下，黄琼也好，郭泰也罢，即便想要维持住这座将倾的大厦，又能够如何呢？因为一根绳子维系不了一棵要倒的大树。陈蕃、李膺等正直之士是当局者，徐稺则是局外人。而局外人有时候看问题更能够看到本质，所谓“当局者迷，旁观者清”。苏轼诗“不识庐山真面目，只缘身在此山中”，也包含着同样的意思。徐稺既然看到了这一层，那么，他多次不应征召，就非常容易理解了。

彭城名士姜伯淮

陈蕃举荐的另一贤士是彭城人姜肱。

姜肱，字伯淮，彭城广戚（今江苏沛县）人，汉末五处士之一。姜肱出身官宦之家，祖父曾任豫章太守，父亲曾任任城相。姜肱孝亲友弟，声名远扬，是彭城有名的孝子。

姜肱的亲生母亲早早去世了。父亲再娶，继母比父亲小了许多。继母虽然年纪轻轻，但对子女要求却很严格。姜肱感念继母操持家务、抚育兄妹之恩，对继母非常孝顺。姜肱是长子，对两个同父异母的弟弟仲海、季江也非常友爱，凡事都做出了榜样。在姜肱的示范作用下，兄弟三人关系非常好，劳作和休息都保持同步，晚上睡觉也在同一张床上。后来，兄弟三人都成了家，但他们舍不得分开，晚上还常常睡在一起。由于要为姜家传宗接代，兄弟三人就排好日期，按时间安排和各自妻子同居，其他时间仍然是兄弟们聚在一起。

姜肱博通经史，又懂得星象之术。他开馆授徒，来他这里学习的年轻人多达三千余人。姜肱名声在外，朝廷很多大员聘请他出山做官，他一概谢绝了。他的两个弟弟也很有名气，也有不少人请他们出去做官，他们也都推辞了。对于做官，他们兄弟三人似乎没有兴趣。

姜肱和两个弟弟的感情很深。有一次，姜肱和弟弟季江乘车到郡里去，半道住宿在驿站的一个草庐内，夜里遭到强盗劫持。强盗抢走他们的衣服和一些值钱的东西，还准备灭口。姜肱见此情形，对强盗说："我的弟弟年纪还小，父母很怜爱他，而且他还没有娶亲。你们就把我杀了吧，留我弟弟一命。"季江却是和哥哥争着受死，他说："我的哥哥是道德高尚的人，是姜家的顶梁柱，也是国家的栋梁。希望你们能够放了我的兄长，我代兄长受死。"这帮强盗见兄弟两个争着受死，深受感动，就把刀收了起来，说："你们兄弟二人都是人们所说的贤人。我们几个有眼不识泰山，冒犯了二位贤人，多有得罪！"说罢，强盗将抢劫的财物全部留下，灰溜溜地走了。姜肱的车上有数千钱，他派随从追上强盗，把钱给他们。强盗为姜肱的高尚道德所感动，不肯接受。姜肱因为这些钱物已经过了强盗之手，不再是自己的财物，就把它们全部捐给了驿站的小吏。

关于此事，还有一种说法，说姜肱兄弟两个去见郡守，途中强盗抢劫了姜肱的钱物，放走了兄弟二人。姜肱到了郡中，郡守见他十分狼狈，询问缘由。姜肱就随便找个理由把这件事搪塞过去了，没有说自己遭到了强盗抢劫。强盗听说后，明白姜肱是有意为他们掩饰。于是，强盗就夜里去见姜肱，磕头谢罪，并把抢劫的钱物全部归还。姜肱置酒款待他们，劝导他们弃恶从善，最后让他们把钱物都带走了。

汉桓帝对姜肱的事迹早有耳闻，很想见他一面。为此，汉桓帝曾经下令彭城太守派遣画工把姜肱的形象画下来，呈送京师。画工到了姜肱家里，姜肱却躺在一间幽暗的房间里，说是患上了一种奇怪的病，不能见光见风，只好用被子盖得严严实实。画工进到屋内，连姜肱的脸都没有见到，只好两手空空回去交差。即便是汉桓帝，姜肱同样不买账，该拒绝照样拒绝。

陈蕃此次举荐姜肱，姜肱同样没有应诏。后来陈蕃为太傅时，和大将军窦武再次向汉桓帝举荐姜肱，直接征聘姜肱为太守。姜肱不忘初衷，不肯应诏。他私下对朋友说："我因虚名，获得太守这样的实官。如果赴任，那就是沽名钓誉了。再说了，朝廷如今是宦官当权，即便出去做官，又能做出什么事情呢？”于是姜肱远逃海滨，隐居起来。后来，朝廷又以很高的礼仪，征聘他出任太中大夫。使者奉诏书到了姜肱家门口，姜肱让家人出去迎接，家人说：“姜肱已经病很久了，他出去寻医去了，不知现在在哪里，无法奉诏。”姜肱借这个机会悄悄地逃了出去，只身一人逃到青州，在那里靠给人算卦赚几个小钱过日子。过了好多年，这件事过去了，姜肱才悄无声息地回到家中。

汉桓帝知道姜肱实在不愿意出来为官，就颁布了一道诏书，对姜肱大大表扬了一番：“肱抗凌云之志，养浩然之气，以朕德薄，未肯降志。昔许由不屈，王道为化；夷、齐不挠，周德不亏。州郡以礼优顺，勿失其意。”这可以说是对姜肱的最高褒奖了。汉桓帝既称赞姜肱有凌云之志，浩然之气，又说自己德薄，难以让姜肱改变志向。接着举许由和伯夷、叔齐之例，说隐士也可以教化民风。最后，则是希望自此以后，州郡官员要厚待姜肱，不要违背姜肱的志向，不要再用请他出来做官这件事来打扰他。

姜肱从此过上了安逸的隐士生活。

汝南袁闳重孝道

陈蕃举荐的第三人是汝南人袁闳。

袁闳，字夏甫，汝南郡汝阳（今河南商水）人。出身有“四世三公”之誉的汝南袁家，身世十分显赫。袁闳是袁安的玄孙，曾祖父袁京，祖父袁彭，都非常有名气。袁安位至三公，袁京曾任蜀郡太守，袁彭官至议郎。袁闳之父袁贺曾任彭城相。袁闳虽然出身名门望族，但对做官却没有兴趣，而是安贫乐道，自给自足。

袁闳自幼克己修身，坚守节操，不以出身名门望族自居，不轻易麻烦别人。父亲袁贺为彭城相时，他得知父亲身体有恙，就一个人徒步去彭城看望父亲。他担心人们知道他出身汝南袁氏家族而给他特殊的照顾，就使用化名前往，一路上他风餐露宿，吃了不少苦。到了彭城郡衙，守门小吏看见他那副可怜的模样，根本不像是彭城相的儿子，连续好多天都不给他通报。袁闳不急不躁，就在郡衙门前守候。有一天，袁闳的乳母出衙办事，刚好遇见袁闳，看见他那副落魄的样子，大吃一惊，急忙进去禀告夫人。夫人悄悄地把袁闳引至府中，让他与父亲相见。袁闳见父亲身体没有大碍，就要辞行。父亲准备派一辆马车送他，袁闳假称自己晕车，谢绝了父亲的好意。他一个人前来，又一个人返回。后来，父亲因病死于任上。袁闳和他的两个弟弟前往彭城迎接灵柩，父亲的属下和好友送给他们很多钱财，袁闳一概婉言谢绝。当时正值数九寒冬，袁闳身披重孝，手扶父亲的灵柩返回汝南，一路上寒风皴裂了他的面孔，手脚也被冻裂血往外流，整个人都变了样。人们看到他这个样子，莫不伤感。

袁闳按照礼制，为父亲服孝三年。服丧期满后，很多官员知道袁闳是一个品德非常高尚的人，想请他出来做官，袁闳一概谢绝。天下名士闻袁闳之名，都想和他结交。郭泰名重天下，到了汝南，和袁闳见了一面，交谈许久；颍川名士荀淑到了汝南，也来看望袁闳；汝南郡功曹薛勤也和袁闳有来往。

据袁宏《后汉纪》记载，袁闳曾经出任过汝南郡功曹。由于袁闳对陈蕃的才能很是推崇，便举荐陈蕃代替他出任汝南郡功曹。他对当时的太守说："陈蕃有匡济天下的才能，不可以让他长期屈才，应按照礼仪请他出来做官。"于是，太守就按照袁闳所说，礼请陈蕃为汝南郡功曹。在陈蕃出任汝南郡功曹期间，郡中举荐他为贤良方正，陈蕃都没有应聘。陈蕃接任汝南郡功曹之后，袁闳就退出了官场，此后再也不曾涉足官场。但他在士子中名气很大，也是太学生学习的榜样。

袁闳生活十分简朴，住的地方很简陋。平时，他则以耕田种地和读书交友为乐。他的两个叔父袁逢、袁隗当时身居高位，都想接济他，他却分文不受。他见当时宦官专权，天下大乱，而汝南袁氏却是富甲一方，非常显赫，曾经十分感慨地对兄弟们说："我们的先公福佑后人，但是，如果后人不能很好地守护这份福分，而是竞相攀比，骄奢无度，争夺权位的话，我们袁门的祸患也就不远了。"汉桓帝延熹末年，宦官大兴党锢之祸。袁闳早知先机，遂披头散发，遁迹山林，远离尘世，从而幸运地躲过一劫。

但因为母亲年纪高迈，袁闳要侍奉母亲，不能逃到远方去，就只躲在附近的山林里。他在那里盖了一间土房，不留门窗，只是在里面放了些食物而已。每天早上，他向着母亲居住的东方叩拜。想念母亲的时候，他就回家去看望母亲。每次离开的时候，他都把土房隐蔽起来，别人很难发现。母亲去世，袁闳服丧期满后，就在人世间消失了。

汉灵帝中平年间，爆发了黄巾大起义。黄巾军攻城略地，势不可挡。在黄巾军准备进攻汝南县的时候，袁闳突然现身了。在满城百姓惊慌失措到处逃难的时候，袁闳一个人在汝南县里安静地背诵经典，丝毫不为乱兵将至所动。黄巾军知道袁闳是孝子，是读书人的榜样。他们看到袁闳在县里读书，就相互约定，不进入袁闳所在的汝南县里。袁闳家乡的人因此得以幸免于难。

京兆韦著识先机

陈蕃举荐的第四人是京兆人韦著。

韦著，字休明，京兆杜陵（今陕西西安）人。韦著出身名门，先祖韦玄成在汉元帝时官至丞相。其伯父韦顺曾任平舆令，享有高名；叔父韦义曾任广都长、甘陵和陈县二县令，颇有政声，深得百姓拥戴。韦著的父亲韦豹虽然声名远扬，却不喜欢做官，多次谢绝了官府的征召。司徒刘恺征召韦豹入司徒府，准备提拔他为御史，对他说："人们都说你不愿意久留官场，所以你官职一直升不上去。你如果能够干到年底的话，我准备提拔你为御史。只是不知道你是不是能够干到那个时候。"韦豹回答说："非常感谢司徒大人的垂爱，但鄙人年老体衰，身体欠佳，不能在官场久待了。"于是，韦豹连鞋子都顾不上穿，光着脚就走人了。刘恺派人去追，希望他能够回心转意。可是，韦豹还是义无反顾地离开了。后来，汉安帝西巡，征拜韦豹为议郎，韦豹也拒绝了。

韦著少年的时候就很有名，成人之后，州郡举荐他，朝廷征召他，但他像父亲那样，不愿涉足官场，谢绝了各种征召。汉桓帝延熹二年（159），大将军梁冀一党被诛杀后，朝廷急需各种人才，汉桓帝派遣公车、备上厚礼把韦著请到霸陵，准备请他入朝为官。可韦著自称有病，下车走人了。他回到家乡之后，对外声称入云阳山采药，竟去而不返。有司准备治韦著的罪，汉桓帝特意赦免了他。后来，朝廷又征召韦著为京兆尹，并备厚礼劝导他，督促他尽快入朝。韦著依然不应征召。汉灵帝即位后，中常侍曹节等人发动政变，杀了大将军窦武和太傅陈蕃，他们想借用一些名士装点门面，便派使者到韦著家宣读诏书，征召他为东海相，责令其立刻赴任，不得有违。韦著迫于压力，只好脱下布衣，解下青巾，穿上官服去上任。到了那里，他为官清廉，刚正不阿，对当地不法之徒严加惩治，触动了朝廷中某些人的利益，遂被免去东海相，发配到左校署。

韦著原配妻子因病早早地去世了，后来他娶了一个年轻貌美的小媳妇。他过于宠爱后娶的年轻妻子，致使妻子骄纵跋扈，干涉其政务。韦著因不能约束妻子，因此为人诟病。后来，韦著罢官回乡，被奸人杀害。

阳翟孝子李子云

陈蕃举荐的第五个人是颍川李昙。

李昙，字云，颍川阳翟（今河南禹州）人。他出身贫寒之家，自幼丧母，由继母抚育成人。继母拉扯一家人生活不容易，十分辛苦，性格非常暴躁，常常把气撒在李昙身上，对李昙开口就骂，抬手就打，有时甚至手段有些残酷。李昙非常理解继母的心情，侍奉继母仍像侍奉亲生母亲一样，十分孝顺。虽然继母对他态度恶劣，但他对继母的态度却是越发恭敬谨慎。成家之后，他带领妻子从事农耕，供给继母衣食之需，虽然生活非常辛苦，他却没有一句怨言。李昙每天早晨给继母请安，晚上侍奉继母睡下后才安寝。一年四季，只要是得到一点珍贵的东西，不论吃的、用的还是玩的、珍藏的，他都先给继母，继母不用，他才留下。乡里乡亲都把李昙作为孝敬父母的标杆，教导孩子们向李昙学习。李昙由此而远近闻名。

两汉察举制有举孝廉，即把孝顺父母而又清廉的人举为孝廉，朝廷会授予一定的官职。这种制度对两汉社会风气有很好的促进作用。虽然到了东汉末年出现了所谓“举孝廉，父别居”这样的反常现象，但客观地说，朝廷鼓励孝道，奖励孝顺之人，有很强的导向作用。一些人不论是出于伦理道德的要求，还是出自功名利禄的考虑，总是自觉不自觉地去实践，去践行孝道。所以，两汉时期有许多感人的孝子故事，《后汉书》有《孝友传》《列女传》，记述的多是儿女孝顺的故事。但是，像李昙这样，虽经常受到继母的打骂，却依然能够遵守孝道，待继母如亲生母亲一样孝顺的，实在难能可贵。州郡官员听到李昙的事迹，先后聘请李昙出来做官。李昙却不为所动，一一推辞了。

这一次，陈蕃向朝廷举荐李昙，李昙同样没有应诏。他像徐稺、姜肱等人一样，对汉末官场没有信心，因而就安心在家耕田种地，把侍奉继母作为快乐之事，把耕读传家作为快乐之事。

陈蕃举荐徐穉、姜肱、袁闳、韦著和李昙，不仅是因为他们是当时天下著名的五处士，德行为人所称道，而且陈蕃也想扭转乾坤，把桓帝之世变成盛世。所以，他在上书中引《诗经》之语“思皇多士，生此王国”，想把那些散布于民间的高人贤士举荐上来，努力做到野无遗贤。他举荐的五处士除袁闳是乡党外，其余四人则来自四面八方。由于五处士知名度都很高，如果能够礼聘他们出来为朝廷效力，那么就会产生示范效应，朝廷还何愁无人可用？

汉桓帝对于陈蕃的举荐非常重视，在陈蕃举荐五处士之后，他问陈蕃：“徐穉、袁闳和韦著三个人，他们的德行才能，究竟谁先谁后？”陈蕃对五处士非常了解，回答说：“袁闳出身于名门望族，是浸染着袁氏家风家训逐步成长起来的；韦著生长在三辅之地，自幼接受礼仪熏陶，可以说是不用匡扶自然挺直，不用镂刻就自然有纹饰；至于徐穉这个人，则是生于江南偏僻之地，却能卓然挺立，赫然超群。所以，应该以徐穉为第一。”但可惜的是，五处士对当时天下的形势有各自的看法，当朝廷安车蒲轮、玄纁厚礼请他们出来为官的时候，他们几乎不约而同地谢绝了朝廷的征聘，没有一个人愿意出来为官。这大概也在陈蕃的意料之中。

疾恶如仇魏少英

陈蕃举荐的五处士都没有应聘，但他并不气馁，他一如既往地为朝廷举荐人才。在尚书令任上，陈蕃还举荐了上虞人魏朗。

魏朗，字少英，会稽上虞（今浙江上虞）人。年轻的时候，魏朗在县里做小吏。哥哥不幸被乡里人杀害，魏朗大白天提着刀在县城里就把仇人杀了，然后逃到了陈国（今河南淮阳）。他跟着博士郤仲学习《春秋图纬》，后来又到京师洛阳，进入太学学习五经。李膺当时名气很大，很多太学生都以李膺为榜样，李膺的许多学生都仰慕魏朗的道德学问，争相与魏朗交往。

魏朗道德高尚，学富五车，名气又很大，很快引起了他人注意。他被征聘到司徒府为幕僚，很快外放为彭城令。当时，彭城相为官宦子弟，经常做一些违法乱纪的事情。魏朗就把他们的恶行写成奏章上报朝廷，因此招致官宦子弟的怨恨，他们恶意中伤魏朗，准备把他的名声搞臭。然而，就在这时，九真那个地方发生了暴乱，于是，官宦子弟们就推荐魏朗为九真都尉，让他前去剿灭暴乱分子。他们想借暴乱分子之手除掉魏朗。哪知道魏朗用兵有方，旗开得胜，斩杀乱贼两千人。汉桓帝一高兴，就把魏朗召回京城，升为议郎，很快又升任尚书。魏朗在尚书任上多次上书，为国家出谋划策，多有建树。

后来，魏朗出任河内太守，多有善政，深受百姓爱戴，政声誉满三河。

尚书令陈蕃知魏朗是可用之才，便向汉桓帝举荐魏朗，称赞他“公忠亮直，宜在机密”，硬是把在太守任上干得好好的魏朗从河内调回京师洛阳，出任尚书。不久，党锢之祸起，魏朗被划入李膺一党，被朝廷免职，遭到禁锢。魏朗回到阔别多年的故乡，闭门谢客，很少与人来往。但是，后来他还是被牵扯到窦武、陈蕃一党之中，被逼自杀。

陈蕃在尚书令和光禄勋任上，为朝廷举荐了许多优秀人才。这些人才缓解了汉桓帝时期的人才短缺局面，为国家作出了重要贡献。陈蕃是一个性格耿直的人，并且知错能改。陈蕃任光禄勋的时候，汝南同乡范滂任光禄勋主事，品级比较低，大概相当于从七品。有一次，范滂为了主持公道，与人发生了争执，到陈蕃面前请求公断。陈蕃并没有当机应断，而是把范滂劝了回去。范滂因此怀恨在心，弃官而去。郭泰听说了这件事，责备陈蕃说：“像范孟博这样疾恶如仇的人，怎么能够用官场上的话把他挡回去呢？如今可好，反而成就了他的名声，而你则自取不能厚待名士的议论。”陈蕃对此事也有反省，找到范滂，向他表示歉意。陈蕃与范滂本来都是忠贞耿直之人，话说开了，遂一笑泯恩仇。

陈蕃荣归京城，在尚书令任上仅干了很短一段时间，就于汉桓帝延熹三年（160）升任大鸿胪，成为九卿之一。

大鸿胪是汉代掌管朝廷礼宾事务的官员，位列九卿。秦朝初置此官，名为典客，为九卿之一。汉景帝时更名为大行令，汉武帝时更名为大鸿胪。汉代分封了许多诸侯国，大鸿胪要负责朝廷与各个诸侯国之间往来的礼仪活动，也负责与周边国家的外交事务。陈蕃列名九卿之后，感觉肩上的担子更重了，对国家和百姓的责任也更大了。他开始兑现“大丈夫当扫除天下”的诺言，刚直立朝，表现出非凡的胆气和智慧，显示出强烈的家国情怀。

为救忠臣遭罢免

李云，字行祖，甘陵（今山东临清）人。他因德行高尚而被乡里举为孝廉，后出任白马县令。白马县在今河南濮阳、滑县东，距离京师洛阳约四五百里。李云喜好阴阳之学，而战国时期邹衍、邹奭兄弟创立的阴阳五行学说，主要用途之一就是根据五行生克制化来推演国家兴衰治乱，最有影响的就是所谓“五德终始”之说。汉桓帝延熹二年（159），大将军梁冀及其一党被诛杀，虽然结束了东汉长达几十年的外戚专权，却开启了宦官专权的时代。中常侍单超等人因诛杀梁冀有功，都被封侯授爵。他们专擅朝政，培植党羽，控制了选举权，又立后宫女子亳氏为皇后。梁冀被杀之后的几个月时间里，朝廷被单超等人弄得乌烟瘴气，怨声载道。

就在这时，一些州郡频频发生地震等灾害。在阴阳五行学说和天人感应说盛行的东汉时期，人们习惯把自然灾害与人事联系起来，认为这是上天对人们的警示。李云懂得阴阳五行之学，预测到国家将要发生重大变故，故而看在眼里，急在心里。他忧国家之危难，叹百姓之多艰，于是公开上书太尉、司徒、司空三府，把新近发生的一系列自然灾害与朝政失误联系起来，直斥朝廷之失。

李云在上书中直言朝廷会发生大乱。其一是因为亳氏被立为皇后，德不配位；其二是近期屡屡发生天灾，这是上天给汉朝的警示；其三他用阴阳五行之说告诫朝廷：不可让陈、项、虞、田、许姓之人掌管兵权；其四指责朝廷把参与诛杀梁冀的宦官单超等人封侯，不合祖训；最后，他引用孔子之语，公然把矛头指向汉桓帝。他说："孔子曰：'帝者，谛也。'今官位错乱，小人谄进，财货公行，政化日损。尺一拜用，不经御省。是帝欲不谛乎？"皇帝是干什么的？就是要对朝中大事刨根问底地去审问。可是，如今朝廷出现了这么多的怪事，官位错乱，小人得志，贿赂公行，朝政日非，甚至连官员选拔都不让皇帝看一看。这难道是皇帝不想过问这些事情吗？李云这些话说得的确够重的，不仅直接斥责那些宦官把持朝政，而且把皇帝也得罪了。

汉桓帝看到李云的上书，雷霆震怒，下令有司逮捕李云，并且直接命令尚书都护把李云押送到黄门北寺监狱，准备治李云的罪。

李云的上书是公开上书，不仅三公看到了，其他朝臣也看到了。李云书信中所言，也是许多朝臣的共同感受，只是他们没有李云那样的胆气，不敢拍案而起罢了，所以他们十分佩服李云的正义感和勇气。在中常侍管霸和御史、廷尉查究李云之案的时候，弘农郡五官掾杜众为李云忠言获罪而义愤填膺，他愤然上书朝廷，为李云鸣不平，并表示如果像李云这样为了国家而仗义执言的人都被处死的话，他愿意与李云一同赴死。汉桓帝看了杜众的上书，更加愤怒，令人把杜众也抓了起来，投进监狱，交给廷尉审理。由于李云上书的矛头所指是宦官、朝廷和皇帝，而汉桓帝已经因此事勃然大怒，所以，白马令李云以及为李云鸣不平的杜众都危在旦夕。

李云所言，陈蕃深有同感。一向以敢言著称的陈蕃，面对忠臣直士可能被杀的结局，再也按捺不住。陈蕃毅然上书，为李云仗义执言，试图为李云辩白，免除忠臣之罪。

陈蕃在上书中说："李云所言，虽不识禁忌，干上逆旨，其意归于忠国而已。昔高祖忍周昌不讳之谏，成帝赦朱云腰领之诛，今日杀云，臣恐剖心之讥，复议于世矣！故敢触龙鳞，冒昧以请。"陈蕃为李云求情，虽然直言不讳，但也很讲究说话艺术：先说李云触犯禁忌、冒犯皇帝，是出于对国家的忠贞之心，肯定了李云上书的动机；接着再举前朝帝王胸襟博大、善纳忠言的例子，意思是让汉桓帝向前朝帝王学习，赦免李云。

他举的第一个例子是周昌。周昌和汉高祖刘邦是老乡，跟随刘邦出生入死打天下，建立了不朽功勋，刘邦即位后，周昌被任命为御史大夫。有一次，刘邦想听两句赞美之词，问周昌他是怎样一个皇帝。谁知周昌毫不客气，不仅没有赞美他，还说了一句很过火的话："你就是桀纣那样的人。"夏桀和殷纣王都是荒淫暴虐的亡国之君，周昌竟然把刘邦比作夏桀和殷纣王，胆子够大的了。刘邦听后，却一笑了之。这就是所谓的"高祖忍周昌不讳之谏"。刘邦宠信戚夫人，曾一度想废掉太子，准备立戚夫人所生的赵王如意为太子。周昌坚决反对，并当廷与汉高祖刘邦争执起来，公然表示如果刘邦执意要废掉太子，他坚决不奉诏。刘邦念其耿直，并不怪罪他。

朱云更是一个非常典型的例子。曾任杜陵县令的朱云有一天求见汉成帝，当着公卿大臣的面对汉成帝说："如今有的大臣，上不能匡扶皇上，下不能有益于百姓，占着那么重要的位子，却不做任何事情。臣请求皇上赐给臣一把尚方宝剑，斩杀这个佞臣，以此来劝勉其他大臣。"汉成帝问他要杀谁，他说要杀丞相张禹。听说要杀张禹，汉成帝立马大怒，因为张禹不仅是丞相，还是汉成帝的老师。汉成帝以以下犯上、侮辱帝师的罪名，要治朱云的罪，当即令御史把朱云拉下朝堂。朱云双手紧抱栏杆，不肯松手，把栏杆都拉断了。左将军辛庆忌见此情形，解下官印和绶带，跪地为朱云求情。汉成帝念朱云耿直，其出发点是为了国家社稷，就赦免了朱云。后来在工匠准备修理栏杆的时候，汉成帝只让把旧栏杆维修一下，保持其原貌，以此鼓励那些敢于直言进谏的诤臣。

陈蕃说到的周昌和朱云，都是西汉时期的能言敢谏之臣，他们出于对国家的忠心，说了一些让皇帝难堪的话，但竟然都得到了皇帝的宽恕。他希望汉桓帝能够向汉高祖和汉成帝学习，做一个明君。接着，陈蕃进一步指出了杀害李云的后果，那就是难免会像当初殷纣王将忠臣比干剖腹剜心那样招致非议，其言外之意是说，汉桓帝如果杀了李云，那就如同当年的殷纣王。最后，陈蕃用"敢触龙鳞，冒昧以请"两句话结束自己的请求。这表明，陈蕃很清楚这时上书为李云求情，是"逆龙鳞"的事情，风险很大，可能会面临着与李云、杜众同样的下场。但是，自古以来就是忠臣不怕死，怕死非忠臣。当国家面临危险的时候，当正直之士受到迫害的时候，如果不能挺身而出，那就不是忠臣。陈蕃当时为大鸿胪，明知这不是他职责范围内的事，但还是勇敢地站出来，对敢于直言进谏的诤臣给予道义上的支持。

在陈蕃的带动下，同样为九卿之一的太常杨秉，以及洛阳令沐茂、郎中上官资，也都向汉桓帝上书，一同为李云求情。汉桓帝见有那么多人为李云求情，越发恼羞成怒，命令有司查办陈蕃等人，下诏治他们的罪。陈蕃和杨秉被免除职务，回乡养老。沐茂和上官资连降两级。敢于仗义执言的陈蕃等人为救李云，一个个受到了不公平的处理。但陈蕃无怨无悔，义无反顾。

中常侍管霸也看到李云之案有问题，他想为李云求求情，做最后的努力。一天，他趁汉桓帝心情好的时候，对汉桓帝说："李云是乡野匹夫，杜众是郡中小吏。他们狂妄自大，不知天高地厚，才说出那样的话，不足以加罪。和他们这样的人较真儿，真是不值得。不如把他们放了算了。"汉桓帝却是不依不饶，质问管霸说："帝欲不谛，这是多么恶毒的话！难道管常侍想赦免他们，不让朕再追究他们的罪过吗？"管霸听了之后，吓得再不敢说什么。李云和杜众最终以"大逆不道"罪被处死。

"李云事件"不仅让敢于仗义执言的李云和杜众成了牺牲品，而且还让像陈蕃这样的正直之臣丢了官。但事情还没有完。时年79岁的太尉黄琼，也为李云等人鸣不平。黄琼，字世英，江夏安陆（今湖北安陆）人。汉顺帝永建年间，在朝野的千呼万唤中，黄琼才出仕。起初任议郎，很快升任尚书仆射。汉桓帝元嘉元年（151）升任司空，延熹二年（159）拜为太尉。他深知"李云事件"的是非曲直，于是上书汉桓帝，为李云等人辩白。他在上书中直言汉桓帝即位以来发生的重大事件，明确指出：自汉桓帝即位以来，朝廷就没有好的政绩。先是梁冀等外戚专权，后是任单超等宦官肆志弄权，加官晋爵，一时轰动朝廷。他们把持权柄，公卿、将校、州牧、郡守等要职的升迁都是单超等宦官们说了算；他们贪财受贿，家中满是金银珠宝，其富裕程度堪比王府；他们大搞"顺我者昌、逆我者亡"那一套，依附他们的人会升官发财，拂逆他们的人则旦夕祸至。由于宦官弄权，导致敢言直谏者遭到贬斥，甚至被杀害，许多忠臣因怕死而默默无语，天下之人因惧祸而哑口无言。大臣本来都是皇上的耳目，能让皇上明察朝政，如今却都成了摆设。前太尉李固、杜乔忠贞直言，道德高尚，公而忘私，舍身为国，却无端受到陈国人叛乱的牵累，双双被杀。这让天下人痛心疾首，担惊受怕，生怕哪一天这样的命运会降临到自己身上。不久前，白马令李云直斥宦官罪大恶极，罪不可赦。为什么一个小小的县令会做出这样的事情？是因为朝廷大臣人人自危，敢怒而不敢言。弘农杜众知道李云所言是对的，而且应该立刻施行，却害怕李云因忠获罪，所以上书为李云辩白，并请求一同赴死。他这样做，是为了国家，是希望李云这样的忠臣免罪。非常遗憾的是，李云不仅没有被赦免，杜众也受到了牵累，二人同时被杀。天下之人闻此噩耗，无不痛心疾首，对宦官的怨恨也更深了。朝野之人因此都把忠于国家作为最忌讳的事情。说起这些事情，位居三公之首的黄琼痛心疾首，其疾恶如仇的性格表露无遗。汉桓帝因黄琼是几朝老臣，名望甚高，没有像对待陈蕃等人那样将其免职。但十分诡谲的是，黄琼上书不久，就溘然长逝了。这其中究竟有什么不为人知的秘密，后人却是不得而知了。

为国为民勇陈情

陈蕃因“李云事件”被贬返乡，暂时赋闲。但第二年，也就是汉桓帝延熹四年（161），陈蕃重新被朝廷征召回京，先任议郎，但仅仅过了几天就升任光禄勋。

光禄勋为九卿之一，秦朝为郎中令，汉武帝时更名为光禄勋。光禄勋虽然与大鸿胪一样同为九卿，但它的地位却比大鸿胪重要得多。光禄勋主管宫内一切事务，并负责管理宫殿内的护卫。肩上压着负责天子、皇后所在地——皇宫的安危的担子。光禄勋的地位到底有多重要，这就不言而喻了。汉桓帝摆脱了外戚专权之后，对那些帮助他铲除梁冀的单超等宦官抱有感激之情，大肆封赏他们，赏赐超过规制，如赏赐单超等中常侍金银珠宝无数，还任命单超为车骑将军，让宦官掌管兵权。这让负责宫廷安保任务的陈蕃大伤脑筋。为了国家和百姓，陈蕃只好再次上书进行劝谏。

陈蕃是一个正直的人，更是一个严守规矩的人。在他看来，食君之禄就要做忠君之事，侍奉君主，就要想办法让君主高兴。既然位列九卿，看见不合规矩的事情，如果不去进谏，不加劝阻，那就只仅仅做到了让君主高兴。陈蕃不想做一个仅仅让君主高兴的臣子。看到朝中的不平之事，他就要说出来。哪怕得罪一些大臣，他也在所不惜。

汉桓帝当时胡乱赏赐，把封赏诸侯这么重大而严肃的国事当作儿戏。陈蕃十分痛心，他上书汉桓帝，指出：诸侯都是上应星象的人，是应该分封土地，所以，汉高祖当年规定：不是功臣，不得封侯。但是，如今的朝廷却没有了基本的规矩。河南尹邓万世的父亲，只有那么一点点功劳，竟然被授予爵位；尚书令黄隽的父亲也被授予侯爵。陛下给亲近的人封赏食邑，陛下身边的人没有功劳也能够获得爵位。如今不是根据他们担当的责任大小任命职位，也不是根据其功劳大小封赏食邑，甚至一门之内竟然有几个人封侯。这样做的结果导致天象异常，阴阳错乱，庄稼歉收，百姓遭殃。他希望汉桓帝从此以后，改正之前的做法，能够像高祖当年约定的那样，做到不是功臣不得封侯。汉桓帝觉得陈蕃说的有一定道理，于是就采纳了他的建议，把黄隽改封关内侯，邓万世改封南乡侯，减少了他们的食邑。

汉桓帝延熹年间，接连发生重大自然灾害，庄稼歉收，饿死的人有十之五六，许多人饥寒交迫，生活难以为继。而汉桓帝后宫采女却有数千人，她们锦衣玉食，吃穿不愁，还要花费数目巨大的脂粉钱。陈蕃为国家考虑，为广大百姓着想，上书汉桓帝，建议减少后宫采女数量。为了让汉桓帝认识到这一问题的严重性，陈蕃引用“盗不过五女门”的谚语，意思是说养育女儿花费大，女儿多了会让家中贫穷，穷得连盗贼都不愿意去盗窃。以此而论，后宫那么多采女，岂不是要让国家贫穷吗？接下来，陈蕃继续举例说明，周武王把纣王倾宫里的宫女都嫁出去，天下得以教化；楚女被废之后居住在西宫，得不到体恤安慰，致使哀怨悲切，怨旷滋生。陈蕃举一正一反两个例子，用意非常明显，那就是希望汉桓帝能够像周武王那样，而不是效法楚王。在陈蕃看来，后宫那么多女子聚集在一起，许多人长年见不到皇帝，得不到皇帝宠幸，一定会心生忧悲之情，以致对外面的灾害毫不关心。当时，东汉正逢连年灾荒，庄稼歉收，税收减少，朝廷开支巨大，入不敷出，汉桓帝也为此头疼不已。看到陈蕃的上书后，汉桓帝觉得陈蕃说的有道理，采纳了陈蕃这项建议，准许五百宫女出宫回家，与家人团聚。陈蕃看到那么多宫女因为他的一封上书而得以与家人团聚，也由衷地为她们高兴。

中国古代的官员大都奉行这样一条原则：食君之禄，忠君之事。中国古代是家天下，普天之下莫非王土，率土之滨莫非王臣，一切的一切都是帝王的。至于那些为官的人，奉行君为臣纲，他们认为官帽子是皇帝给的，俸禄也是皇帝给的，因此一切都要听皇帝的，尽心竭力为皇帝做事，努力把事情办好。见到皇帝做得不合适的地方，要很艺术地指出来，希望皇帝能够改正。陈蕃也是这样的官员。他之前虽然经历过许多不公平的事情，甚至因直言进谏而被贬官，但他再次被征召出来为官后，依然坚守为官之道，看到朝廷有不合理的现象，就要站出来进谏，以尽为臣之责。

陈蕃在光禄勋任上，为国家和百姓着想，一再直言进谏。他看到当时的选官制度有问题，就上书朝廷。奏疏中称：监狱是囚禁那些作奸犯科的人的地方，官员的使用要和他的才能相匹配。如果朝廷制定的法律失于公平，选用官员的才能与其职位不相匹配，那么王道就会有所缺失，从而让天下人议论。人们会认为：关在监狱里的人不是因为犯罪，而是因为他们有牢骚而获罪；授予官爵的人不是有卓越功勋，而是靠贿赂得到官爵。没有污秽的东西，苍蝇就不会飞过来。陛下应该分析这里面的得失，择善而从。把官员的选拔权，委托给尚书和三公，让褒奖、责罚、诛杀、赏赐各得其所，这岂不是很好的事情吗？汉桓帝虽然认为陈蕃说的有一定道理，但对如何实行，却是迟迟拿不定主意，所以就一直搁置了下来，选举制度并没有得到完善。

汉桓帝15岁即位，朝政悉由大将军梁冀把持，所以他这个皇帝当得很不开心。他利用宦官除掉梁冀之后，尤其是逐步控制住朝政之后，这个皇帝才开始当得有滋有味。在一帮宦官的撺掇和诱惑下，汉桓帝沉湎于声色犬马，且乐此不疲。延熹六年（163），汉桓帝在晚秋时节，准备带领满朝文武，浩浩荡荡地到汝南郡广城皇家苑囿去狩猎。

陈蕃得知此事，不管汉桓帝是否高兴，果断上书进谏。他认为，秋季狩猎是劳民伤财的事情。他劝谏汉桓帝，也是先拿过去的规矩说事。他说，按照过去的规矩，皇帝狩猎，只有仲秋时节在西郊讲武的时候，才猎杀苑囿中的禽兽作为祭品，并通过这种方式敦促人们的孝敬之心。如果不是在这个季节去打猎，那就是恣意放纵。所以，尧告诫舜不要教导人们游荡无度，周公告诫成王不要耽于游猎享乐。像舜和周成王这样的圣贤，尚且受到这样的告诫，何况那些德行不及他们的人呢？社会安定、国家富庶的时候，天子围猎这样的事尚且有节制，更何况当下农村田野空空、朝廷金库空空、粮仓贮存空空的困窘局面呢？再加上现在四方战事不断，军队经常劳师远征，百姓妻离子散，朝廷耗费大量资财。陛下不应为了这些事情焦虑揪心、形容消瘦、寝食难安吗？然而，陛下却置此于不顾，旌旗蔽日，车马滚滚，声势浩大地前去广城围猎，这样做合适吗？再说，今年初秋时节阴雨连绵，老百姓的麦子还没有种下。这个时候，正是鼓励劝导百姓抢时间播种的时候。但是，如今却让他们放下正当的事情，为陛下前去打猎而修筑道路。这不是圣贤体恤百姓的行为。

陈蕃饱读诗书，引用历史上的一些事例来劝说汉桓帝。例如，春秋时期，齐景公想去观看海洋的波澜壮阔，到琅琊那里游玩一下。晏子劝阻他说，老百姓厌恶旌旗车马的声音，讨厌举首蹙眉的感受。齐景公便听从晏子的劝阻，放弃了去东海观海的想法。周穆王想纵马驰骋，游荡天下。祭公便向周穆王诵读自己作的《祈招》诗，希望能够阻止周穆王游荡天下。作为一国之君，恣意妄为，游荡无度，为天下人做出了怎样的榜样啊？为了能够让汉桓帝回心转意，陈蕃煞费苦心。他先说先圣立下的规矩，再举前圣的例子，接着说东汉当时的窘况，以及百姓因皇上打猎会贻误农时，最后又举了一正一反两个例子，希望能够唤醒汉桓帝，让他放弃这次荒唐的围猎之行。汉桓帝也许感受到了陈蕃的苦口婆心，但汉桓帝此时宠信中常侍，许多事情都是由宦官做主，许多情况下他也是身不由己，所以，这次围猎陈蕃没能劝阻成功。陈蕃虽然贵为九卿，但他对汉桓帝的影响还是非常有限，因而只好徒唤奈何！

秉公举贤再遭贬

陈蕃任光禄勋的时候，曾经与时任五官中郎将的黄琼之孙黄琬共同主持选举。这也是汉桓帝听从陈蕃的建议之后，决定把选拔官员的大权交给朝中大臣。陈蕃和黄琬被赋予重任。

黄琬，字子琰，太尉黄琼之孙，自幼聪颖机敏。汉桓帝建和元年（147）正月，发生了日食，时为魏郡太守的黄琼把此事上报朝廷。梁太后发来诏书，问日食的情况，日食的时刻，太阳被遮住多少。黄琼想了想，不知怎么回答，也不知怎样形容才好。这时，黄琬只有7岁，在一旁说："为何不说日食之余，如月之初？"黄琼听后大惊，认为自己的孙儿绝不简单。黄琬出身名门，仕途得志，年纪轻轻就做到五官中郎将这样的位置。陈蕃和黄琬相互有所了解，彼此敬重。如今二人为了替国家选拔人才走到了一起，开始了愉快的合作。

按照汉代选举制度，各个郡国举荐的孝廉，以郎中的身份补充五官署和左署、右署。年龄超过50岁的补充五官署。而光禄勋则负责举荐三署之中有大功却长期居于次郎之位而才能特别优异的人，按照孔门四科选拔，即德行、言语、政事、文学，举为茂才。东汉顺帝至桓帝时期，豪门大族之家的子弟，因为有权有势，又有很广的人脉，很多都得到了举荐；而那些道德高尚，德行为人称道，能够洁身自好的人，却因出身贫贱而得不到举荐。所以，当时京师洛阳流行着这样的民谣："欲得不能，光禄茂才。"寒门子弟，纵使有超凡的才能，也难以被光禄勋举荐为茂才。这对朝廷的选拔官员真是莫大的讽刺！

陈蕃与黄琬深感责任重大，他们多次反复商议，就如何为国家选拔人才达成了共识。那就是不偏不倚，公平公正，唯才是举，既不轻视寒门子弟，也不阿附权贵豪强。陈蕃和黄琬主持选拔人才的工作后，决心改变之前重视出身和门第的现象，实行唯才是举，一视同仁。在他们的标准下，出身贫寒的志士贤才，如平原人刘醇、河东人朱山、蜀郡人殷参等，都因为才能杰出而被选拔到重要位子上。

陈蕃和黄琬这样做，深得出身寒门的士子称赞，却受到了出身豪门和权贵之家子弟的恶意中伤。一些权贵子弟上书朝廷，对陈蕃、黄琬恶意诽谤，说陈蕃和黄琬接受了寒门士子的贿赂，选举不公。朝廷接到举报，把这个案子交给御史中丞王畅、侍御史刁韪查办。王畅素来对陈蕃和黄琬十分敬重，敬重他们的品质，敬重他们的为人，敬重他们的才学。王畅和刁韪调查之后，发现陈蕃和黄琬是按规矩办事，举荐的人才都是名副其实的。从调查中，他们也发现这个案子的蹊跷之处，那就是一些出身豪门和权贵之家的子弟，不学无术，胸无点墨，凭着过硬的关系，通过贿赂被举荐上来。这些人都有着强大的家族背景或官场背景。他们中的一些人没有真才实学，没有治国理政的才能，却又不安于现状，想让陈蕃和黄琬看在他们出身豪门大族的面子上举荐他们，给他们创造向上爬的机会。可陈蕃和黄琬照章办事，不买他们的账，选拔人才唯才是举。这才引发了他们的诬告。王畅和刁韪查明之后上报朝廷，说陈蕃和黄琬没有过错。这样的结论引起了权贵和宦官的强烈反感，他们继而诬陷王畅、刁韪和陈蕃、黄琬是朋党，企图结党营私，相互包庇。此时朝廷宦官专权，小人得志，陈蕃他们有理也没地方去说，汉桓帝也不会听他们的申诉。最后，陈蕃等人都受到无端的打压，陈蕃被免去官职，王畅降级使用，转为议郎，黄琬和刁韪则遭到禁锢，不得再出来做官。

陈蕃再次出仕后，在光禄勋的位子上干了三年。这三年，陈蕃尽职尽责，问心无愧。不论是守护皇宫，还是奉旨举贤，陈蕃都按照规矩来，夙夜在公，没出半点差错。在这三年间，面对朝廷存在的一些弊端，陈蕃敢于直言不讳地向汉桓帝进谏。为了国家百姓，为了让汉桓帝改正错误，陈蕃的进谏有时循循善诱，有时慷慨激昂，有时甚至不惜使用一些过激的言辞。如为白马令李云辩护时，他说汉桓帝如果杀了李云，就免不了会招致如殷纣王把比干剖腹剜心时的非议，显然是把汉桓帝与暴虐无道的殷纣王相提并论。这是需要勇气的。但为了国家和百姓，陈蕃把个人的安危置之度外，任情挥洒其炽热的家国情怀。在与黄琬共同主持选举时，他秉持公心，把真正有才干的人举荐给朝廷，不料却遭到权贵的疯狂报复，再次被免官。对陈蕃来说，免官似乎已经成了家常便饭。起起落落，他已经看淡了。

经历了朝廷和地方的历练，陈蕃治国理政的才能得到了充分展示。所以，他被罢免不久，就重新得到任用，而且被任命的职位是更为重要的尚书仆射。之后，陈蕃又转任太中大夫。汉桓帝对陈蕃的才能充分看好，延熹八年（165），准备让陈蕃取代杨秉为太尉。

此时的陈蕃刚从尚书仆射转任太中大夫不久，根本没有想过出任太尉。太尉为三公之首，执掌兵权，是皇上倚重的重臣。所以，当汉桓帝下诏任命他为太尉的时候，陈蕃上书力辞。他说："不愆不忘，率由旧章，臣不如太常胡广；齐七政，训五典，臣不如议郎王畅；聪明亮达，文武兼姿，臣不如弛刑徒李膺。"陈蕃不是没有这个能力，也不是假意推辞，而是认为有人比他更适合太尉这个位子。他认为，论起对典章制度和礼仪法律的熟悉程度，他不如太常卿胡广；论起对天文地理、历史典故的精通程度，他不如议郎王畅；论起聪明通达、文武兼备，他不如弛刑徒李膺。陈蕃赞美胡广、王畅、李膺，是发自内心的。他是用这种方式举荐胡广、王畅和李膺，希望汉桓帝能够收回成命，让他们三人中的一人出任太尉。但是，汉桓帝这次没有采纳陈蕃的建议，而是执意让陈蕃出任太尉一职。对陈蕃来说，这是信任，也是更大的责任。

为了对得起这份信任和责任，陈蕃在太尉任上也是够拼的，不惜冒着巨大风险与宦官们周旋，有时甚至不得不与汉桓帝对着干。陈蕃升任太尉之后，感到肩上的担子更重了。在封建社会，皇帝是权力的象征。但治理国家，则主要依靠三公九卿等朝中大臣和各州郡县行政长官。太尉作为三公之首，不仅身份重要，而且责任重大。所以，当被汉桓帝任命为太尉而又无法推辞的时候，陈蕃便认真履行起太尉职责。他要对得起这份信任！

处士横议匡朝政

陈蕃接任太尉的时候，正值宦官把持朝政。他们专横跋扈，颐指气使。而以李膺为首的正直官员和以郭泰为首的士人，眼见宦竖擅权，朝政日非，社会混乱，奸佞盛行，各自就以不同的方式与宦官展开了坚决的斗争。陈蕃对李膺等敢于与宦竖进行斗争的志士给予了有力支持。

汉桓帝刘志即位前为蠡吾侯，仅是一个小小的侯爵。但大将军梁冀为了控制朝政，力排众议，扶持刘志即位。他即位后，有意识培植自己的势力，把他的老师周福提拔为尚书，而周福的同乡房植此时为河南尹。房植是依靠自己的品行才干逐步升至河南尹这样的高位的，而周福则仅仅靠着和汉桓帝的关系，就被提拔为尚书。当时在他们的家乡甘陵（今山东临清）流传着这样两句民谣：“天下规矩房伯武，因师获印周仲进。”民谣传至京师，双方的门徒宾客也互不服气，相互讥讽。于是他们各拉一派，矛盾由此越来越激化。在这场口水之争中，甘陵在京为官者被分为南部党和北部党。汉桓帝之时的党争于此初露端倪。

同党相互鼓吹，相互标榜。而对于异党则不免攻讦诋毁，甚至恶意中伤。此风一开，东汉官场和士风便发生了重大变化，党同伐异便成了一股汹涌澎湃的潮流。当时，范滂为汝南郡功曹，太守宗资非常欣赏范滂的才能，把郡中事务都交给范滂处理；而南阳郡太守成瑨也是把郡中事务都委托给功曹岑晊。于是，这两个郡产生了这样几句民谣："汝南太守范孟博，南阳宗资主画诺。南阳太守岑公孝，弘农成瑨但坐啸。"其意思是，在汝南和南阳两个郡，功曹成了太守，而真正的太守只是坐在那里做做样子而已。

各种各样的民谣先后传入京师，传入太学。当时，太学有诸生三万多人，而出身于太学的郭泰和贾彪已经声名远扬，为太学生之冠。他们和李膺、陈蕃、王畅等正直之臣惺惺相惜，相互褒扬，相互倚重。于是，太学中很快流传出这样的民谣："天下模楷李元礼，不畏强御陈仲举，天下俊秀王叔茂。"与此同时，渤海人公族进阶和扶风人魏齐卿等人也毫无忌讳地谈论天下大事，评论公卿豪门。公卿以下的官员都害怕他们说出不利于自己的话，急急忙忙地跑到他们门下，请求多多美言，最不济也要嘴下留情。伴随着这种情况的出现，汉桓帝末年品评人物之风也越刮越猛。最为典型的就是郭泰之评和许劭的"月旦评"。

陈蕃生在一个品评人物之风颇盛的时代。官员和士人往往既评价别人，也被别人评价。如陈蕃在举荐贤才的时候，曾经对被举荐人做过正面评价。他评价徐稺等五处士"德行纯备，著于人听。若使擢登三事，协亮天工，必能翼宣盛美，增光日月矣"，评价魏朗"公忠亮直，宜在机密"。陈蕃也是别人评价的对象，他曾受到各种不同的评价。他的汝南老乡许劭这样评价他："仲举性峻，峻则少通。"许劭主持的"月旦评"让许多士子又喜又怕：喜的是若得许劭美言便可青云直上；怕的是如果被他说几句不好的话，则可能直坠地狱。作为太学生领袖的郭泰，也喜欢品评人物，提携后进，史家说他"性明知人，好奖训士类""其奖拔士人，皆如所鉴"[①]。郭泰评价人物，议论时政，都很注重用词，从不说过分的

① 《后汉书》卷六十八《郭泰传》。

话，所谓“虽善人伦，而不为危言核论”，不像许劭、陈蕃等人好为激切之词。

本来，正常的人物品评是不会造成太大的困扰的。正如《增广贤文》里说的那样“谁人背后无人说，谁人背后不说人”。人生活在社会上，总会招来各种各样的议论。如果能以宽广的胸怀、宽容的态度来看待，一切都会云淡风轻。但是，如果形成朋党，党同伐异，那品评的作用就另当别论了。汉桓帝时期，在野之人如郭泰、许劭的人物品评虽然有很大影响，但并没有引起朝廷的特别关注，没有遭到压制和打击，就因为郭泰和许劭都是闲云野鹤之人，无意干预朝政，也没有对朝政造成大的困扰。他们的评论不像公族进阶和魏齐卿“危言深论，不隐豪强”。

然而，朝廷官员和太学生就不同了，他们的身份决定了他们议论时政、评价公卿时必然带有各自鲜明的立场，甚至有朋党之嫌。当时太学中流行着对天下名士的各种评价，比如称窦武、刘淑、陈蕃为“三君”，意为三人是天下士人学习的榜样。窦武当时任城门校尉，刘淑任虎贲中郎将，陈蕃官居太尉。窦武、刘淑虽为将军，但汉桓帝对他们十分敬重，朝中每遇大事，都要私下咨询他们，听取他们的意见。三人是当时士人的精神领袖，不论在朝廷还是在太学生中，影响都很大。再比如把李膺、荀昱、杜密、王畅、刘祐、魏朗、赵典、朱寓等人称作“八俊”，把郭泰、宗慈、巴肃、夏馥、范滂、尹勋、蔡衍、羊陟等人称作“八顾”，把张俭、岑晊、刘表、陈翔、孔昱、苑康、檀敷、翟超等人称作“八及”，把度尚、张邈、王考、刘儒、胡母班、秦周、蕃向、王章等人称为“八厨”。“俊”为俊杰英才之意，是说李膺等人都是当世英才；“顾”为能够以德行引导他人进步之意，是说郭泰等人都能够引导人们积极向上；“及”原意为达到之意，这里为引导人们向榜样学习之意，是说张俭等人能够引导人们向榜样学习；“厨”有贮藏之意，这里是说度尚等人在人们困难的时候都能够用自己的钱财接济他人。这些称号虽然意在为士人树立典范，但不可否认也含有相互标榜的意思。

如果这仅仅是士人之间的议论，似乎没有大的问题。但是，在延熹末年那个特殊时期，如此议论，倘然被一些别有用心的人稍加附会或引申说士人们议论朝政、品评公卿，就可能被视为结党营私，图谋不轨，安上十恶不赦的罪名。事实上，张让、侯览等一帮宦官早就盯上了李膺等正直之士，想伺机进行反扑。

就在陈蕃和窦武等正直大臣辅佐汉桓帝治理国家的时候，发生了一件与“八俊”之一李膺有关的重大事件，并由此拉开了东汉末年第一次党锢之祸的序幕。等待李膺等正直士人的究竟是什么呢？

忠奸之争白热化

当时，河内郡（郡治今河南武陟）有一个名叫张成的人。此人擅长风角之术，懂得一些阴阳五行和天文地理，善于预测人事吉凶。他推算出来朝廷不久将要实行大赦，就教唆他的儿子去杀人。党人领袖李膺当时为河南尹，得知河内发生了命案，就督促那里的官吏把张成的儿子抓了起来。然而，刚刚把张成的儿子抓起来不久，就遇上了朝廷大赦，张成的儿子在赦免之列。眼看杀人犯就要被释放出去，疾恶如仇的李膺一时不知如何是好。自古以来，杀人偿命，欠债还钱。哪有杀了人还逍遥法外的道理？尤其是审知张成预测到朝廷将要大赦而故意教唆儿子去杀人的事实后，李膺更为恼怒，把此案审成铁案，竟然不顾朝廷的赦免令，把张成的儿子杀了。

张成本不是善类，他和宦官早有勾结，而汉桓帝也经常请张成入宫占卜吉凶，对张成也有好感。张成的弟子牢修见李膺不顾朝廷的赦免令，把老师的儿子杀了，就上书汉桓帝，诬告李膺与士人来往，诽谤朝廷，扰乱良序，对社会影响极坏，应予严惩。汉桓帝闻之大怒，不分青红皂白，便准备治李膺的罪。曾任司隶校尉的应奉得知详情，上书为李膺辩解。他认为，李膺等人秉公执法惩治罪犯，是真正为了国家。陛下没有仔细审查，随便听了那几个人的片面之词，就要治李膺等人的罪，这无疑是把忠臣与罪犯同等对待了。汉桓帝念李膺忠心为国，而所谓的朋党之说又找不到真凭实据，暂时就把这件事情压了下来，不再追究。不久，汉桓帝又任命李膺为司隶校尉，把京师的安全保卫工作交给了李膺。看来，捕杀张成之子一事，并没有对李膺造成太大的负面影响。

李膺与陈蕃一样，对宦官干政非常不满。过了不久，李膺又与宦官张让发生了冲突。这让陈蕃有点始料不及。

张让是宦官，当初因参与中常侍单超、曹节等谋诛大将军梁冀之事有功，深得汉桓帝的宠信。他有个弟弟叫张朔，任野王（今河南沁阳）令。张朔仗着哥哥张让的权势，为非作歹，无恶不作，行事非常残暴。李膺收到举报，查明后要捉拿张朔治罪。张朔非常害怕，偷偷跑到京城，躲在哥哥张让家中，他以为这样李膺就会对他无可奈何了。可事实不然，李膺探得实情，率兵到张让家捉拿张朔。张朔藏身在合抱粗的大柱子中。李膺令人劈开大柱，把张朔捉拿归案，交付洛阳监狱审理。待审实张朔的罪行后，就立即把他杀了。这时，距离李膺上任司隶校尉仅仅过去十天的时间。

张让有权有势，朝中大臣都对他礼让三分，如今受了这样的气，自然觉得颜面扫地，于是他就向汉桓帝进谗言，诬告李膺滥用职权，随意杀罚。汉桓帝把李膺召到朝廷，质问他治人死罪这样的大事为何不上报，李膺引经据典，据理力争。他说，春秋时期，晋文公把卫成公抓起来带了回去，孔子作《春秋》说晋文公是对的。当初，孔子做鲁国司寇仅七天，就把少正卯杀了。如今微臣出任司隶校尉已经十天了，私下担心案件积压，会成为个人的罪过，就想快点破案。可是没有想到，早点破案也成了罪过。微臣知道这是有人故意找碴儿，想治微臣的罪，让死神很快降临在微臣的头上。但微臣恳请陛下再给五天的时间，让微臣把那些罪大恶极的罪犯审理完毕，全部明正典刑。然后，即便让微臣下油锅，微臣也毫不畏惧。李膺的辩白让前来兴师问罪的汉桓帝哑口无言，汉桓帝只好顾左右而言他，反过来责怪张让说："这都是你那弟弟干的好事，司隶校尉有什么过错！"于是就把张让打发出去了。从此以后，那些宦官们都害怕李膺抓住他们的把柄，一个个都恭恭敬敬、屏声静气，再也不敢像过去那样耀武扬威、颐指气使了。他们中的许多人甚至不敢走出宫门。汉桓帝感到奇怪，问是什么原因。那些宦官就开始哭诉，向汉桓帝叩头说："我们都害怕司隶校尉李膺。"当时，朝廷纲纪松弛，法纪败坏，朝政混乱。而李膺严于执法，不徇私情，不仅对朝纲有所整肃，而且也让自己的威名扶摇直上。士人如果被李膺接纳，则被称为"登龙门"。李膺是和宦竖斗争的急先锋。他能够旗开得胜，陈蕃自然是暗自高兴。

李膺的果断作为让中常侍们感到了恐惧。他们千方百计把太学中流行的各种谣言搜集起来，将矛头对准李膺，向汉桓帝告黑状，诬陷李膺和太学及各郡国的士子来往密切，相互鼓吹，结为朋党，意图颠覆朝廷，谋夺大位。中常侍苏康、管霸等被重新起用后，与张让、曹节等宦官相互勾结，狼狈为奸，恶意构陷李膺等正直之士。所谓三人成虎，众口铄金，汉桓帝经不得一帮宦官反复游说，在没有任何证据的前提下，把司隶校尉李膺和大司农刘祐、廷尉冯绲等逮捕下狱。

和宦官的斗争刚刚取得一个回合的胜利，陈蕃等正直之士尚未来得及高兴一下，就被宦官联手反击，打了个措手不及。陈蕃意识到了问题的严重性，关键时刻挺身而出，在朝堂上公开为李膺等人辩解。他据理力争，请求汉桓帝明察秋毫。陈蕃认为，像李膺这样忠心为国、刚直不阿的大臣不仅不应加罪，还应该给他们升职，把他们放在更为重要的位置上。陈蕃反复申辩，言辞恳切，情理并重，希望汉桓帝能够回心转意。但汉桓帝就是不听，执意要治李膺等人的罪。陈蕃见劝说无用，知道李膺等人难逃一劫，流着泪离开了朝堂。

张让等宦官诬陷李膺等人，意欲把他们置之死地。中常侍侯览授意同乡朱并，诬告张俭等人，准备从外围突破。朱并是山阳高平（今山东邹县）人，他秉承侯览的旨意，上书控告他的同乡张俭，诬陷张俭和二十四个同乡互相吹捧，各为称号，结为同党，意图危害朝廷。这二十四个人是：张俭、檀彬、褚凤、张肃、薛兰、冯禧、魏玄、徐乾、田林、张隐、刘表、薛郁、王访、刘祗、宣靖、公绪恭、朱楷、田槃、疎耽、薛敦、宋布、唐龙、嬴咨、宣褒。朱并诬告说，这些人在家乡刻石立碑，结党营私，张俭是这二十四人的首领。

被朱并诬告的张俭是山阳高平人，后随父到江夏。张俭德行高尚，被乡里举荐为茂才。翟超任山阳太守的时候，征聘张俭为东部都尉。中常侍侯览也是山阳人，家人依仗他的势力为非作歹，残害百姓，无法无天。张俭上书朝廷，请求治他们的罪。但是，张俭的上书到了侯览手里，不仅被压了下来，而且侯览还因此恨上了张俭。侯览唆使同乡朱并诬告张俭。从朱并的上书来看，张俭他们确实像京师的太学生那样，把家乡那些正直而有名望的士人，也分为“八俊”“八顾”“八及”，以此互相标榜，互相勉励。至于说他们结党营私、意图危害朝廷，那就是侯览的不实之词了。

前有苏康、管霸等中常侍诬陷朝廷官员李膺等为党人，后有朱并诬陷张俭等山阳名士为党人。汉桓帝即便不信，也不得不防了。那么多士人如果真的联起手来，江山社稷就真的危险了！于是，延熹九年（166）七月，汉桓帝昭告天下，宣布党人的罪恶，让天下人共同仇恨党人，并下令各个郡国一起行动，逮捕党人。

朝廷逮捕李膺等党人的诏令，需要太尉陈蕃联署。但是，逮捕令到了太尉府，陈蕃却拒绝联署。他义正词严地说："牵扯到这个所谓党人的案子里的人，都是深受天下人称道的忧国忧民的忠臣和名士。像他们这些忠臣，即使是他们第十代后人犯了罪，也是要加以宽恕的，更何况他们没有什么明显的过错？"他不顾前来办事的人的劝说，坚持不肯联署。前来办事的人把陈蕃的态度报告汉桓帝，汉桓帝更加恼怒，于是直接下令抓捕党人，李膺等正直之士悉数被抓，投进黄门北寺狱。

黄门北寺狱是东汉中央监狱之一，其位置在宫省北面，由黄门令直接管理。当时宦官专权，一些不满宦官专权的大臣，常常被无端地投进黄门北寺狱，有不少人屈打成招。党锢之祸爆发后，朝中大臣被诬陷为党人者，都被投进了黄门北寺狱。在这次党锢之祸中，因受到李膺等党人案件牵连的正直之士，除朝中一些大臣外，还有各个郡国的正直之士，总计多达二百多人。这其中就包括忠厚正直的颍川名士陈寔。

拍案而起为直臣

李膺等正直之士悉数被捕之后，各地为了声援李膺等人，发生了几起针对宦官的事件。这些事件虽然发泄了人们对宦官干政的不满情绪，但后果很严重，不仅又有一些正直之士遭到打击，而且对已经关押在监狱的李膺等人也非常不利。陈蕃时刻关注着事件的发展，他忧心如焚，想方设法去营救。

第一件事，是刘瓆和成瑨诛杀豪强赵津和张汜。赵津是太原人，张汜是南阳豪强。二人谄媚宦官，与宦官相勾结，为非作歹，祸害乡里。刘瓆当时任太原太守，成瑨任南阳太守。二人秉公执法，追究赵津、张汜的罪行，查明后认定依律当杀。但赵津和张汜仗着朝中有人，买通了朝中的宦官，求得了朝廷的特赦令。但是，二人罪大恶极，民愤极大。刘瓆和成瑨主持公道，顶着压力，将他们明正典刑。宦官们很愤怒，认为小小的太守，竟然敢不听朝廷的话，把皇上的赦免令当儿戏。于是就向汉桓帝告黑状，说刘瓆和成瑨胆大妄为，目无朝廷。朝廷追究下来，刘瓆和成瑨被问成死罪。

第二件事，是山阳太守翟超抄没宦官侯览家族的财产。翟超对宦官侯览家族横行乡里的行为非常不满，上书告状，但朝廷把控告侯览一家罪行的诉状压了下来。翟超因此愤愤不平，就把侯览家族非法得来的财产抄没充公。

第三件事，是东海相黄浮诛杀下邳令徐宣。下邳令徐宣与中常侍相互勾结，为非作歹，引起很大民愤。下邳属于东海管辖，东海相黄浮对徐宣依仗宦官为非作歹的做法非常痛恨，同时也是出于对宦官横行的愤怒，一怒之下，把下邳令徐宣杀了。

对于后两件事，宦官们认为是丢脸的事，于是就以朝廷的名义追究翟超和黄浮的责任，二人被判处髡钳之刑，就是剃光头发，用铁圈圈住脖子，发配到左校，罚为劳役。

陈蕃见朝廷正直之士接连遭受打击，十分心痛，就联合司徒刘矩、司空刘茂，一同为刘瓆、成瑨、翟超、黄浮等人求情。此三人位居三公，同时上书，按照常理，汉桓帝无论如何应该会仔细考虑一下。可是，汉桓帝听信宦官的谗言，对陈蕃等人这样的做法很不高兴，认为他们有逼宫之意，于是下令有司调查陈蕃等三公是否与刘瓆、成瑨等案件有牵连。刘矩和刘茂见汉桓帝发怒了，担心受到连累，就撤回了他们的上书，对这些案件再也不敢说什么。

陈蕃没有像刘矩和刘茂那样知难而退，而是迎难而上。他毫不畏惧，独自上书汉桓帝，为刘瓆、成瑨等人陈情，替他们辩白。他明知这是中常侍借助汉桓帝之手打击迫害李膺等正直士人，汉桓帝也想借此机会杀一杀李膺等人的傲气，以他一人之力很难劝得动汉桓帝，但他依然要尽自己的一份责任，慨然上书，慷慨陈词，希望能够收到意外的效果。他在上书中说，如今寇贼在外，国家就像是四肢患有疾病的人；朝政混乱，这乃是心腹之患。为此，微臣寝不能寐，食不能饱，实在是担心陛下越来越亲近喜进谗言的小人，越来越疏远忠心耿耿的臣子。这样的话，内患越积越重，外患越来越深。小门小户，家产累积到百万，他们的子孙还会为失去祖先的家业而惭愧，何况陛下兼有天下？天下是陛下从先帝那里得来的，难道陛下眼看失去天下而甘于无所作为吗？即便陛下真的不爱惜，也应想一想先帝当初打天下是多么的不容易啊！之前，梁氏五侯（指梁冀等人）害惨了天下百姓，所幸上天要灭亡梁氏，将梁氏一党尽数剿灭。天下百姓都真心希望国家能从此有个短暂的安定时期。前车之鉴近在眼前，恍如昨日。而如今，陛下的近侍竞相弄权，相互勾结。小黄门赵津、大奸猾张汜等人，肆意妄为，贪婪残暴，拉拢陛下身边的近臣，诬陷前太原太守刘瓆、南阳太守成瑨。虽然说朝廷的大赦令下达后，他们不应该再下令杀人，但他们的本意是去除邪恶，陛下有什么值得愤愤不已的呢？如今小人当道，迷惑陛下。如果再把刑罚施加到那些忠臣身上，那就太过分了！更何况还要下达加重处罚他们的命令。还有一事，前山阳太守翟超、东海相黄浮，奉公守法，不屈不挠，疾恶如仇。翟超把侯览家族的财物罚没充公，黄浮诛杀下邳令徐宣，他们竟因此获罪，一同遭受刑罚。侯览骄横跋扈，荒淫残暴，罚没其财产充公，对他而言已经算是幸运的了；徐宣犯了重罪，死有余辜。为什么还要处罚翟超和黄浮呢？

陈蕃深入分析刘瓆、成瑨、翟超、黄浮案件的实质，认为他们有功无过。陈蕃举前朝皇帝的事例劝说汉桓帝。他说，当年，丞相申屠嘉见邓通仪态不端加以斥责，汉文帝却不因宠信邓通而偏向他，反而让邓通跟随着去请丞相申屠嘉原谅；董宣让长公主受了屈辱，但因为执法严明，反而受到光武帝重赏。微臣没有听说申屠嘉和董宣因正义行事而被杀。如今，陛下身边的那些宦竖小人，恶意中伤忠臣，诬陷他们结为朋党。这些人暗中勾结，罗织罪名，导致了刘瓆、成瑨等人的冤案，使他们遭受刑罚。这是正直之士的耻辱！

陈蕃预见到，他的上书会遭到宦官们的强烈反对，所以，在给汉桓帝的上书中，他一针见血地指出："听到我的劝谏，那些宦竖还会向陛下告黑状。陛下要改掉听信身边宦竖之言管理朝政的毛病，应广泛接触朝中正直的公卿大臣，采纳公卿大臣治理朝政的正确意见，摈弃那些邪恶奸佞的小人。陛下如果能够做到这些，将会天地和谐，百姓开颜，祥瑞降临之日还会远吗？陛下虽然讨厌微臣这些言论，但微臣以为，但凡作为天下之君，都有自励自强的一面。所以，微臣才敢于冒死进谏。"

陈蕃的上书动之以情，晓之以理，有具体措施，有中肯建议，具有很强的可操作性。可是，汉桓帝看了陈蕃的上书，不仅丝毫没有改正错误的意思，反而更加愤怒，变本加厉地迫害李膺等人。汉桓帝的所作所为，搞得朝廷上下怨声载道。得利的是那些宦竖们，他们更加得宠，更加为所欲为，也因此和陈蕃结下了深仇大恨。他们开始搜罗证据，暗中对陈蕃和他身边的人下黑手。陈蕃的很多属下，包括长史这样的重要助手，都遭到了迫害。而对于陈蕃，宦竖们只是碍于他的地位和影响，汉桓帝不点头，他们暂时还不敢加害。

对于李膺等人，陈蕃虽然不计个人荣辱得失，冒死相救，但孤立无援，始终是一个人在战斗。面对强大的宦官势力，面对汉桓帝对宦竖的宠信、回护和支持，陈蕃感到力不从心，无力回天。以至于在东汉末年党锢之祸发生的时候，陈蕃目睹许多正直之士遭受迫害，却无能为力。他唯一能做的，就是利用汉朝的制度规定，在汉桓帝决定逮捕李膺等人时，拒绝在逮捕令上签署他的名字，以此表达他的强烈不满。但是，这一做法彻底惹恼了汉桓帝。汉桓帝就以陈蕃举荐的官员有失误为由，于延熹九年（166）七月罢免了陈蕃的太尉之职。这个时候，陈蕃出任太尉一职刚满一年。陈蕃被免职后，新任太尉周景不敢抗拒汉桓帝，在汉桓帝逮捕李膺等人的诏书上联署。于是，中国历史上继秦始皇“焚书坑儒”之后文人的又一次劫难——汉末党锢之祸不可避免地爆发了。

黑云压顶摧士人

汉桓帝延熹九年（166）十二月，被诬陷为党人的李膺等人全部被捕入狱。据《后汉书·党锢列传》记载，这次党锢之祸中被捕下狱的有司隶校尉李膺、太仆卿杜密、御史中丞陈翔以及陈寔、范滂等二百多人。当时太学生称赞的“八俊”“八顾”“八及”等人物，大多受到牵累入狱，接受审讯。而李膺等人当时都是名闻天下的正直之士。其中，受党锢之祸牵累的士人，以颍川、汝南、南阳诸郡的士子为多。

李膺为人刚直不阿，被人称为“天下楷模”，名列“八俊”之首。党锢之祸中，他是宦竖重点打击的对象，是第一批被捕入狱的人。

杜密，字周甫，颍川阳城（今河南登封）人。他少有大志，为人沉静。曾任代郡太守、太山太守、北海相，对为非作歹的官宦子弟，一律严惩。汉桓帝时入朝为官，任尚书令，转河南尹，迁太仆，与李膺、刘祐、王畅等同列“八俊”，党锢之祸起而被免官，与李膺同时被捕，时人将二人并称“李杜”。

范滂，字孟博，汝南征羌（今河南郾城）人。他少年时代就注重节操，年纪轻轻就以孝廉光禄四行而被州郡举荐。陈蕃为光禄勋时，范滂为光禄勋主事，汝南太守宗资以之为功曹。党锢之祸起，范滂与李膺等被关押在黄门北寺监狱。汉桓帝让中常侍王甫审讯范滂。王甫将范滂“三木囊头”（即头、手、脚都戴有木械具，头被蒙起来），然后进行审讯。他质问范滂：“作为臣子，不为国家尽忠，反而结党营私，相互吹捧，诽谤大臣，无中生有。你们这样做意欲何为？如实招来，不得隐瞒。”范滂慨然回答说：“孔子说过，见善如不及，见恶如探汤。我这样做是想让那些好人都能够清正廉洁，让那些恶人臭名远扬。这些都是国家治理应该做的事，怎么能够把这样的事情称作结党营私呢？”王甫又质问说：“你们这些党人相互提拔，互为唇齿。与你们意见不合的人，就要遭到排斥。你们这不是结党营私，又是什么？”范滂仰天长叹，慨然说道：“自古以来，做好事的人自求多福。如今做好事的人却是身陷囹圄，面临杀身之祸！我死之后，希望把我埋葬在首阳山旁，这样方能上不愧苍天，下不愧伯夷叔齐！”王甫听后，为之动容，就让人把范滂戴的刑具卸下来。后来，范滂被释放出狱，准备回家乡汝南。士人们得到他从京城动身回乡的消息，汝南和南阳籍士大夫前来迎接范滂的车子多达数千辆。由此可见，范滂在百姓和士子间是多么受欢迎啊！

陈寔，字仲弓，颍川许县（今河南许昌）人。陈寔是道德高尚的士人，他虽然只做过太丘长，但在当时士人的心目中却有崇高地位。党锢之祸爆发的时候，陈寔还只是一个太学生，尚无一官半职，但他已经成为太学生的主心骨，因而被划入党人之列。朝廷要逮捕党人的消息传出来后，有人劝陈寔赶快逃走，以免蒙受不白之冤。陈寔很冷静地说：“我不能逃走。如果我逃跑了，大家的胆气就不那么足了。”然后他收拾衣物，从容进京，主动投案。

陈翔，字子麟，汝南邵陵（今河南郾城）人。出身官宦之家，祖父陈珍曾任司隶校尉。陈翔知名甚早，被州郡举为孝廉，历官侍御史、定襄太守、扬州刺史、御史中丞等职。在这次党锢之祸中因被划归李膺一党而遭到牵连，被捕入狱，虽经严刑拷问，终因没有证据而免罪。后死于家中。

朝廷抓捕党人的消息传出后，也有一些怕事的人得知自己名列其中，慌忙逃走，躲避灾厄。朝廷为了把李膺等人一网打尽，不惜重金悬赏，捉拿闻讯逃走的党人。朝廷抓捕党人的捕快，从京师洛阳到各个州郡，一路上络绎不绝。为了根绝后患，汉桓帝听信宦竖之言，不顾国本，对那些曾经“谠议朝政，品核公卿”的士人进行残酷打击。

但与此同时，也有一些不在党人名册上的士大夫，他们以能够与李膺等人同气相求为荣耀。党锢之祸发生后，一些与李膺等人有联系，或者同情李膺等人的人虽然没有被划归党人之列，但他们出于对李膺等人的敬仰和尊重，主动要求入狱，以陪伴李膺等人。继李膺之后为度辽将军的皇甫规，没有被划归党人之列，自以为耻。他主动投案，自述与党人的关系，请求受罚。侍御史景毅的儿子是李膺的学生，由于名册上没有景毅之名而未受牵连。景毅却自认是党人，主动请求免官归家。像皇甫规和景毅这样的人，当时确实不少。他们实际上是以不与朝廷合作的方式，给予李膺等党人以道义上的支持。

李膺等人知道这次飞来横祸是宦官借汉桓帝之手打击文人士大夫，抑制士大夫日益高涨的影响。祸乱的根源在于朝廷的那些宦官。于是，李膺等人在接受审讯的时候，就有意识地把宦官或宦官子弟拉扯进来，弄得那些宦官们反而不好收场了。这样的局面，宦官们也始料未及，他们担心受到连累，不由得害怕起来。

李膺等许多人都是朝廷重要部门的官员，他们被抓起来之后，朝廷出现了人才荒，急需人才来补充。可是，朝廷一时间到哪里去寻找像李膺等人这样精通国家治理的官员啊？汉桓帝为此也很着急。更为关键的是，许多文人士大夫因为党锢之祸而拒绝与朝廷合作。一个很典型的例子，是会稽人杨乔，此人不仅很有才华，而且风度翩翩。他曾多次上书朝廷，对国家治理发表意见，深得汉桓帝的喜爱。汉桓帝甚至一度想把公主嫁给他，招他为驸马。可是，杨乔坚决拒绝，弄得汉桓帝很没面子。汉桓帝多次下令，杨乔就是不从，最后竟绝食七日而死。党锢之祸在文人士大夫中造成的影响，于此可见一斑。

陈蕃对汉桓帝时期开始的宦官专权现象非常痛恨，他不仅自己时常站出来与宦官做斗争，而且坚定地给予李膺等人全力的支持。尤其是他于延熹八年（165）出任太尉之后，更加坚定了这种信心。太尉是东汉执掌兵权的最高军事长官，而军队则是稳定国家的力量。他认为，只要他在太尉的位置上，兵权还在他手里，就没有人敢把李膺等正直之士怎么样。所以，在党锢之祸开始的时候，他一方面用自己的方式支持李膺等朝廷大臣，一方面与宦官进行坚决的斗争。

陈蕃不断向汉桓帝上书，直陈宦官弄权的危害，多次提醒汉桓帝，不要让宦官干政，以免误国误民。可是，他忽略了一个事实，即汉桓帝铲除梁冀一党，掌控朝政，依靠的就是单超、徐璜、具瑗、左悺、唐衡等宦官。宦官帮汉桓帝把大权夺了回来，汉桓帝就要给他们回报。汉桓帝不仅给了宦官们丰厚的回报，而且在朝政等方面还非常倚重他们，搞得三公九卿有名无实，形同虚设。在与宦官的斗争中，陈蕃虽然想极力争取到汉桓帝的支持，但汉桓帝对宦官的宠信程度远远超过了对朝中正直公卿大臣的信任程度。陈蕃可能也明白这一点，但他仍然对汉桓帝抱有幻想，先是循循善诱地劝导，不见效果，他就采取比较激切的言辞进谏。他的一些言辞激怒了汉桓帝，惹得汉桓帝随便找个理由就把他罢免了。陈蕃被罢免了太尉之职，失去了对军队的控制之后，李膺等人便失去了强有力的保护屏障，厄运也就不可避免了。

陈蕃竭尽全力也没能挽救李膺等人的悲惨命运，眼睁睁地看着二百多名正直之士被投进黄门北寺监狱，经受宦竖的拷打和审讯。一向刚直不阿的陈蕃此时也感到无能为力，他只好暂时放下京师发生的一系列大事，回到故乡汝南，开始他被贬谪的生活。人虽在家乡，但他的心一直没有离开李膺等人。

陈蕃并没有绝望，他在尽一切努力营救李膺等人。早在汉桓帝延熹八年（165），汉桓帝立皇后的时候，陈蕃就已经预伏了一颗棋子，希望在日后关键时刻能够发挥作用。这就是大将军窦武和窦太后。正如陈蕃设想的那样，窦武和窦太后在营救李膺等人方面发挥了重要作用。

以尊为名举窦后

建和元年（147），在大将军梁冀和梁太后的扶持下，蠡吾侯刘志登上了皇帝宝座，是为汉桓帝。这一年，汉桓帝只有15岁。就在汉桓帝即位当年，梁冀的女儿梁女莹被立为皇后。延熹二年（159）七月，陪伴了汉桓帝12年的梁皇后死了，八月，汉桓帝依靠宦官诛杀梁冀一党，把朝政从外戚手中夺了回来。紧接着，汉桓帝就立邓安世之女邓猛女为皇后。可是，这个邓皇后性格暴烈，为了专宠，与汉桓帝宠幸的郭贵人成为死对头，彼此攻击陷害。汉桓帝一怒之下，于延熹八年（165）正月废黜了邓皇后。邓皇后的父亲河南尹邓安世、兄长虎贲中郎将邓会被下狱处死。这年八月，出身官宦之家的窦妙章以贵人身份被立为皇后。

在窦妙章被立为皇后一事上，陈蕃是出了大力的。邓皇后被废后，汉桓帝属意的皇后人选是采女田圣。还在邓猛女未废之时，汉桓帝就非常宠爱田采女。邓皇后被废后，汉桓帝有意立田采女为皇后，但遭到了刚刚升任太尉不久的陈蕃的坚决反对。在陈蕃看来，皇后是母仪天下之人，田采女出身卑微，不适宜做皇后。而窦妙章出身名门，是官宦之后，立为皇后比较合适。窦妙章的先祖窦融是东汉初年的名臣；她的父亲窦武，曾经是陈蕃任光禄勋时的部下。窦妙章接受过良好的家庭教育，是皇后的合适人选。

当时任司隶校尉的应奉，汝南南顿（今河南项城）人，是陈蕃的老乡。他和陈蕃有相似的看法，也上书汉桓帝，坚决反对立田采女为皇后。应奉上书称："周纳狄女，襄王出居于郑；汉立飞燕，成帝胤嗣泯绝。母后之重，兴废所因。宜思《关雎》之所求，远五禁之所忌。"应奉在上书中引周襄王纳狄人之女为后而被迫出奔到郑国和汉成帝立赵飞燕为皇后而导致其后子嗣断绝的故事，劝说汉桓帝打消立田采女为皇后的念头。应奉认为，皇后的身份地位非常重要，是国家兴旺或衰败的重要原因所在。所以，在立谁为皇后这件事情上，要好好想一想《诗经·关雎》所说的，需要淑女来配君子，所谓"窈窕淑女，君子好逑"。而对那些属于禁忌之列的五种女性，则要尽量远离。

所谓"五禁"，是说不能娶为妻子的五种女人：一是女主人去世之家的长女不能娶，因为这样的女子在家中实际上发挥了母亲的作用，个性比较强，嫁人后容易自作主张；二是家族有遗传病史的女子不能娶，因为这样的女子可能有遗传性疾病，已经为上天所抛弃；三是家族世代有遭受刑法处罚的女子不能娶，因为世人对这样的家庭有看法，不会接受这样家庭的女子；四是家族关系混乱的女子不能娶，因为这样的女子不会是正派人，可能会败坏门风；五是生于悖逆之家的女子不能娶，因为这样的女子会废弃人伦。应奉认为田采女出身微贱，所以就拿“五禁”来劝阻汉桓帝。

在劝阻汉桓帝立田采女为皇后这件事上，太尉陈蕃和司隶校尉应奉出了大力。由于他们的坚决反对，汉桓帝最终采纳了陈蕃和应奉的建议，打消了立田采女为皇后的想法，转而立陈蕃极力推荐的窦妙章为皇后。窦妙章被立为皇后之后，其父窦武的官职也升了，由郎中晋升为城门校尉，封槐里侯。城门校尉是汉代八校尉之一，掌管京都洛阳十二城门屯卫兵。窦武由一个无关紧要的郎中升任城门校尉，不仅官职升了，而且地位尤其重要。至于窦妙章就更是一步登天了。在陈蕃等人的支持下，她实现了由贵人到皇后的华丽转身，成为母仪天下的皇后。所以，窦武和窦皇后都对陈蕃心存感激之情。

窦武曾经是陈蕃的部下，窦妙章被立为皇后，陈蕃又出了大力，起到了决定性的作用。这些都是党锢之祸之前发生的事情。陈蕃虽然在党锢之祸中被罢了官，赋闲在家，但城门校尉窦武还在，皇后窦妙章还在，营救李膺等人就还有机会。这也是陈蕃被罢官后能够安心在家乡闲居的重要原因所在。

为救忠臣用忠臣

陈蕃虽然被罢免了太尉之职，但许多正直之士还在任上，只是在当时那种高压政策下，很少有人敢公开站出来像陈蕃那样抗颜进谏而已。不过，党锢之祸的是非曲直，人们心里都跟明镜似的。所以，尽管李膺等人都被投进了监狱，但天下悠悠众口是堵不住的。

党锢之祸发生后，人们都把正直之士受到迫害的原因归罪于宦官，对宦竖弄权、把持朝政的现象更加痛恨。朝廷虽然把李膺等人抓起来了，但天下并没有太平，汉朝官场反而更加糟糕。因为，朝廷那些阉党没了李膺等正直之士的制约，更加肆无忌惮，为所欲为。这就引发了许多人的反思，也引起了汉桓帝的注意。于是，开始有人为李膺等人奔走呼号。

第一个为李膺等人鸣不平的，是曾经的太学生领袖贾彪。

贾彪，字伟节，颍川定陵（今河南舞阳东北）人。贾彪为人慷慨豪爽，清操自守，做人颇有气节。他少年时期曾游学于京师洛阳，与太学生多有交往，被尊为太学生领袖之一，与同是颍川郡的知名人物荀爽齐名。刚开始的时候，贾彪在州郡做个小官，后被州郡举荐为孝廉。新息（今河南息县）长缺位的时候，贾彪被任命为新息长。新息的老百姓都很穷，穷得养不起儿子，娶不起媳妇，所以都很少生育。贾彪到任之后，制定了严格的条例，不生育子女者，与杀人犯同罪。当时发生了两件事：有一天，新息城南有盗贼拦路抢劫，还杀了人；城北有一个妇女杀了她的儿子。贾彪出去勘察案情，手下的人准备先领贾彪到城南去，勘察拦路抢劫案件。贾彪生气地说："强盗谋财害命，乃坏人行径。而母亲杀害儿子，则悖逆天理。"于是便驱车来到城北，勘察审理母亲杀子案件。城南的盗贼听说后，让人把自己捆绑起来，亲自到县衙向贾彪自首。这里的百姓见县长竟然如此看重生育问题，也就改变了不生儿育女的观念，短短几年内，该县就生育了几千名婴儿，生了儿子就取名贾子，生了女儿就取名贾女。贾彪一个政策就极大地推动了当地人口的增长，在老百姓心中留下了一座丰碑。

汉桓帝延熹九年（166），党锢之祸发生后，朝中大臣眼见李膺等人被无辜关押，陈蕃直言进谏而被免官的前车之鉴，一个个噤若寒蝉，不敢在汉桓帝面前再说起李膺等人的事儿。当此之时，贾彪挺身而出，他对那些正直之士说：我不往京师洛阳走一遭，党人的大祸就难以解除。于是，他只身一人来到洛阳，游说同情李膺等人的城门校尉窦武和尚书魏郡霍谞等人，希望他们为国家和社稷考虑，把党锢之祸的真相告诉汉桓帝，替李膺等人说句公道话，不要让他们再受牢狱之苦。

贾彪虽然曾经是太学生领袖，也属于党人之列，但他并没有随着李膺等人被捕入狱。原因是什么，史籍没有记载。但有一点可以肯定的是，贾彪当时的官位不够高，他做过最大的官也就是七品县令，所以，放在全国这个大盘子里来看，贾彪是微不足道的。可是，贾彪赴洛阳之前，为何说得那么满，似乎他不往洛阳走一遭，李膺等人的祸患就无法解除。言外之意，他如果去洛阳处理此事的话，这件事就一定能够解决。陈蕃当初以太尉的身份劝说汉桓帝，汉桓帝不仅不卖他的面子，而且还把他罢免了。以贾彪的身份，口气能这么满？这其中必有缘由。

是什么缘由呢？看一看贾彪去见的两个人便可略知一二。

贾彪见的第一个人是城门校尉窦武，也就是窦皇后的父亲，汉桓帝的老泰山。窦武是皇后窦妙章的父亲，固然有机会通过女儿向汉桓帝传达自己的意见。但是，窦武会接见贾彪吗？他为什么会听从贾彪的建议，冒着极大的风险向汉桓帝上书呢？至于霍谞，虽然是汉桓帝的老臣，但他在朝中并无多大建树，仅是不满宦竖干政而已。按照常理，贾彪到京师找人向汉桓帝反映李膺等人的情况，应该找王公大臣才是。这些人说话有分量，说的话汉桓帝也许能够听进去。可是，敢于直言进谏的陈蕃已经被罢免了太尉之职，其他一些大臣即便有这个心，也没这个胆。所以，贾彪进京去游说窦武和霍谞，请他们出面劝说汉桓帝，一定另有隐情。

其中的隐情，或许就在陈蕃当初坚持要立窦武之女窦妙章为皇后这件事情上。汉桓帝把皇后邓猛女废黜之后，后宫有那么多佳丽，他一个都看不上，却用情于一个姓田的采女，想把她立为皇后。但太尉陈蕃和司隶校尉应奉等人坚决反对。当时的汉桓帝身边围绕着一帮宦官，已经没有了明辨是非的能力，他想做什么，没有人能够阻挡。何况在立皇后这件事上，他已经有了属意的人选，谁还能让他改变主意呢？但是，太尉陈蕃和司隶校尉应奉联手，使得汉桓帝改变了主意，最终按照陈蕃的意见，选定原为贵人的窦妙章为皇后。史书这样写道：“初，桓帝欲立所幸田贵人为皇后。蕃以田氏卑微、窦族良家，争之甚固。帝不得已，乃立窦后。”那个时候，窦妙章之父窦武仅仅是一个武郎中，官职低微。他的女儿深居宫闱，陈蕃何以得知？即便知道后宫有一个窦贵人，其相貌、人品、教养、才艺等，陈蕃又如何得知？所以，唯一的可能是，陈蕃对窦武很了解，彼此关系很好，而窦武又对陈蕃说起过他的女儿，甚至为女儿立后之事专门请托过陈蕃。这样，陈蕃才可能在立皇后的问题上有的放矢，有针对性地提出合适的人选。而应奉的上书，则以出身微贱为由，把田采人排除在皇后的备选人之外。汉桓帝最终虽然采纳了陈蕃和应奉的建议，立窦武的女儿窦妙章为后，但心里并不是很愉快。所以，窦妙章被立为皇后之后，汉桓帝很少到皇后那里就寝。《后汉书 · 卷十下》对此事这样记载：“延熹八年，邓皇后废，后以选入掖庭为贵人。其冬，立为皇后，而御见甚稀，帝所宠唯采女田圣等。”窦妙章虽然被立为皇后，但还没有赢得汉桓帝的心。她如果想真正成为母仪天下的皇后，显然需要强有力的外援来改变目前这种现状。她把这种希望寄托在曾经力主立她为后的陈蕃等一帮大臣身上。所以，陈蕃和窦氏父女有这样一种心灵上的默契。从这个角度来看，贾彪进京前，应该私下和陈蕃见过面，陈蕃对他面授机宜，告诉他进京后该去找谁来办这件棘手的事情。这虽然属于猜测之词，但从贾彪赴洛阳之前说得那么满的话中，可以看出端倪。

所以，贾彪进京后游说的第一个人就是窦武。

窦武，字游平，扶风平陵（今陕西咸阳西北）人，东汉名臣窦融的玄孙，其父窦奉曾任定襄太守。窦武精通经典，经常授徒讲学，在关西很有名望。但他不善与人交往，也不轻易与人交往。对于仕途，他也没有奢望。但是，延熹八年（165），他的命运随着女儿被选入宫掖成为汉桓帝的贵人而发生了重大变化。女儿入宫了，他如果还是一介布衣，汉桓帝面子上也不好看，所以他被授予武郎中之职。而当时，陈蕃为太尉，位居三公之首。太尉是掌管军队的，是国家军队方面的最高长官。窦武在朝中任武郎中，属于陈蕃的部下，与陈蕃应该有较多的接触。而窦武的家族出身、窦融的学问、窦融的名望，都会引起陈蕃的注意。可以肯定的是，在窦武任武郎中的那一段时间里，陈蕃与窦武有较多的交往，对窦武也有了较为深入的了解。所以，在邓皇后被废之后，陈蕃极力举荐窦武的女儿为后。窦武的女儿得到陈蕃和应奉的强力举荐，终于得偿所愿，成为汉桓帝的皇后。窦武的官职也随着女儿成为皇后而提升，延熹九年（166），窦武由武郎中升任城门校尉，并被封为槐里侯，食邑五千户。城门校尉也是武职，同样在陈蕃的管理之下。窦武官职虽然大了，但对人依然一片赤诚，他举荐的官员都是清流名士。窦武很清廉，又疾恶如仇，想靠贿赂他来做什么事情，门儿都没有。但是，他认为对的事情，就会出手去做。窦武是名门之后，也是在儒家思想浸染下成长起来的，所以，他对宦竖专权误国非常气愤，对于朝中那些专横跋扈的宦官，他也是恨之入骨。陈蕃与他交往颇多，对他的性格品行和政治倾向非常清楚。贾彪进京去游说窦武，固然也是基于对窦武清望的认可。

贾彪游说窦武，可说是找对了人。窦武熟读经史，才华横溢。窦武为了营救李膺等人，慨然上书，且言辞颇为激切："陛下即位以来，未闻善政。……近者奸臣牢修造设党议，遂收前司隶校尉李膺等逮考，连及数百人。旷年拘录，事无效验。臣惟膺等建忠抗节，志经王室，此诚陛下稷、伊、吕之佐；而虚为奸臣贼子之所诬枉，天下寒心，海内失望。惟陛下留神澄省，时见理出，以厌人鬼喁喁之心。今台阁近臣，尚书朱寓、荀绲、刘佑、魏朗、刘矩、尹勋等，皆国之贞士，朝之良佐；尚书郎张陵、妫皓、苑康、杨乔、边韶、戴恢等，文质彬彬，明达国典。内外之职，群才并列。而陛下委任近习，专树饕餮，外典州郡，内干心膂。宜以次贬黜，案罪纠罚；信任忠良，平决臧否，使邪正毁誉，各得其所，宝爱天官，唯善是授。如此，咎征可消，天应可待。”[①]也许是窦武自恃身份特殊，他在上书中不仅为李膺等人辩护，而且指责汉桓帝“即位以来，未闻善政”。这是很严厉的话，等于是说汉桓帝即位以来没有做什么好事情。不仅没做好事情，而且近来还听信奸臣牢修等人的谗言，说李膺等人结党营私，相互吹捧，把李膺等人投进了监狱。这件事前前后后差不多有一年了，目前也没有查到李膺等人结党营私的证据，这足以证明牢修等奸臣是在构织罪名，诬陷忠良。李膺等人是陛下的忠臣，是如稷卨、伊尹、吕尚那样的治国安邦的能臣。陛下要好好想一想啊，该怎样对待这些忠臣呢？窦武还借机把与李膺诬为一党的朱寓等人夸赞一番，说他们都是“国之贞士，朝之良佐”。接着，他对汉桓帝宠信宦竖也进行了指责，说他“委任近习，专树饕餮”，任用的都是一些险恶小人。最后建议汉桓帝贬黜宦竖，信任忠良。窦武这篇上书言辞犀利，甚至还有些尖刻，但通篇没有废话，句句说到要害上。汉桓帝如果能够静下心来仔细想一想，应该能够认识到窦武所说基本属实。

窦武不仅上书为李膺等人辩解，而且以身体不佳为由，把城门校尉和槐里侯的印绶都上交了。这实际上是以辞官来表示自己营救李膺等人的坚定决心。汉桓帝没有收回窦武的印绶，但不久就下诏把囚禁在黄门北寺狱的李膺等人释放了。从这件事的结果来看，窦武的上书和上交印绶应该

---

① 《资治通鉴》卷五十六《汉纪四十八·孝桓皇帝下》。

发挥了关键作用。

贾彪游说的第二个人是霍谞。

霍谞，字叔智，魏郡邺（今河北临漳）人。大将军梁商秉政时，霍谞的舅舅宋光因事得罪了梁商，将要被治罪。时年仅15岁的霍谞上书梁商，为舅舅辩解。梁商为霍谞的才能所感动，于是奏明皇上，赦免了霍谞的舅舅。霍谞因此声名远扬，被州郡举荐为孝廉，不久即出任金城太守。后因母丧辞官。服丧期满，出任北海相。汉桓帝时，封邺都亭侯。大将军梁冀专擅朝政时，朝中大臣虽然对梁冀不满，但很少有人敢于和梁冀唱对台戏，只有霍谞和尚书令尹勋多次向汉桓帝举奏梁冀的不法之事。梁冀被诛杀后，汉桓帝感念霍谞对朝廷的一片忠诚，封他为邺亭侯。此后又出任过河南尹、司隶校尉、廷尉等要职。从《后汉书·霍谞传》的相关记载来看，霍谞除有才智外，与宦竖之间也没有发生过直接冲突。贾彪游说霍谞，或许是因为此人立场较为中立，不会给人党同伐异之感，不会引起汉桓帝和宦竖的怀疑。在贾彪的游说下，霍谞等人也先后上书，为李膺等人辩白。他们请求汉桓帝顺应天时，实行大赦。

总之，贾彪的游说成功了。他成功地说服了窦武和霍谞。当然，他同时可能还游说了其他对李膺等人有同情心的大臣。所以，《后汉书·贾彪传》说他游说窦武、霍谞等人，使他们共同上书汉桓帝，为李膺等人辩解。如果说窦武的上书让汉桓帝看清了党锢之祸事件的真相，那么，霍谞等人的上书，则为汉桓帝搭建了一个台阶。所谓大赦，赦免的都是曾经犯过罪的人。霍谞等人请汉桓帝顺应天时，赦免李膺等人，其言外之意，李膺等人还是有罪。但他们的罪比较轻微，应该赦免。于是，汉桓帝于延熹十年（167）六月发布大赦令，把二百多位列名李膺一党的人全部赦免，让他们各回故乡。但是，汉桓帝对李膺等人还是不放心，下令把这二百多人的名字存录在三公府，禁止他们以后再次进入仕途，终身不得叙用。这是中国历史上第一次对士人以“党人”的名义加以禁锢，堵死了列入“党人”名录的士人的晋升之路。

运筹帷幄破藩篱

李膺等人被释放，从正史的相关记载中，人们看到的是贾彪为李膺等人奔走呼号和窦武、霍谞等冒死上书，似乎看不到陈蕃的身影。的确，陈蕃被罢免太尉之职后，赋闲在家，以他的身份和他当时的处境，陈蕃是不可能冲锋陷阵，冲在前面的。但是，陈蕃回乡之后，并没有停止营救李膺等人的活动。贾彪赴京求见的窦武，不仅是陈蕃的部下，而且与陈蕃志同道合。贾彪进京城去见窦武，应该是陈蕃的授意。

范晔在《后汉书》中把李膺等人遭到的禁锢，称作“党锢”，并为遭受党锢之祸牵累的一些重要人物写传，称之为《党锢列传》。其实，如果用现代标准来看，李膺等人根本不是什么“党人”，而只是一些志同道合的正直之士。他们因不满宦官干政，在行动上和舆论上相互呼应，共同与宦官做斗争。他们既没有纲领，也没有计划，更没有组织。但是，当牢修受宦官指使，诬陷李膺等人“共为部党，诽谤朝廷”时，汉桓帝竟然信以为真，不听陈蕃的解释和劝阻，执意把李膺等二百多名正直之士投进了监狱。汉桓帝这样做，也许是为了防患于未然，也许是为了惩戒李膺等人，但这样做的结果是让宦官失去了制约更加肆无忌惮。经过党锢之祸这件事之后，宦官干政更加猖狂，国家社稷危如累卵。

面对如此局势，已经被罢官的陈蕃忧心如焚。但他又不能出面，于是，曾经的太学生领袖贾彪挺身而出，担负起营救李膺等人的重任。虽然从史料记载中看不出贾彪赴京师游说窦武等人是否受托于陈蕃，但从陈蕃与窦武的关系和从贾彪赴京前很自信的口气，以及贾彪来到京师后首先就去找窦武等诸多因素来看，陈蕃暗中发挥的作用是不可低估的。

李膺被释放后，曾经对人说："此贾生之谋也。"的确，在营救李膺等人之事中，抛头露面的是贾彪，向汉桓帝上书辩解的是窦武和霍谞等大臣，而暗中关注并运筹帷幄者则是陈蕃。党锢之祸爆发前，陈蕃与李膺等人分别列名"三君""八顾""八及"等士人榜；党锢之祸爆发之后，列名"三君""八俊"等士人榜者，大多被投进黄门北寺狱，而唯陈蕃是自由身。陈蕃与李膺等人同气相求，惺惺相惜。他曾联合司徒刘矩、司空刘茂向汉桓帝上书，为李膺等人辩解。由于汉桓帝听信宦竖之言，而且他本身也想杀一杀李膺等人的傲气，所以不听陈蕃等三公的劝谏。而当李膺等人被抓捕入狱的时候，陈蕃想再联合司徒刘矩、司空刘茂一起上书时，二人因惧怕宦竖的淫威，不敢再为李膺等人出头了。即便在这种情况下，陈蕃依然没有后退，而是选择了坚决斗争。所以，联系党锢之祸爆发前后陈蕃的表现，可以肯定地说，党锢之祸爆发时，陈蕃坚定地与李膺等人站在一起，甚至不惜抗命，拒绝在抓捕李膺等人的命令上联署。在因为替李膺等人辩解而被罢官之后，陈蕃依然用自己的方式为解救李膺等人而不懈努力。

由于各方的努力，李膺等人最终被释放了。但这并不是陈蕃想要的最终结果。因为获得自由后的李膺等人被明令禁止从政，陈蕃即便有东山再起的那一天，也还需要突破党锢之祸这个藩篱，才能与这些志同道合的同人共同为百姓效力，为国家社稷打拼。

陈蕃赋闲不到一年，就被再次征召进京，出任太傅，录尚书事，成为处理朝中政务的实际执行者。经历了仕途上的起起落落，陈蕃本来对这件事可以看得淡一些，但“大丈夫当扫除天下”的志向和浓浓的家国情怀，使他不顾老迈，抖擞精神，准备重整朝纲，趁此机会干一番事业。

桓灵之际多诡谲

汉末世道的变化真是太快了，一会儿云卷云舒，一会儿风狂雨骤。延熹十年（167）六月，党锢之祸刚刚平息，汉桓帝就改年号为“永康”，希望国家从此以后永远太平安康。可是，非常吊诡的是，汉桓帝刚改年号不久，就在这年的十二月撒手人寰，时年仅36岁。

东汉明帝以后的皇帝都是短命皇帝：汉章帝刘炟19岁即位，在位13年，33岁去世；汉和帝刘肇10岁即位，在位17年，27岁去世；汉殇帝刘隆即位时刚满百天，一岁夭折，即便做了一年名义上的皇帝，恐怕连皇帝玉玺都没有碰过；汉安帝刘祜13岁即位，在位19年，32岁去世；汉顺帝刘保11岁即位，在位19年，30岁去世；汉冲帝2岁即位，次年正月去世；汉质帝刘缵8岁即位，9岁被杀；汉桓帝刘志15岁即位，在位20年。如果汉桓帝是一位有作为的皇帝，应该为国家和百姓做很多事情。可是，他即位之初，朝中大权由大将军梁冀把持，年幼的汉桓帝很难有所作为。延熹二年（159），也就是汉桓帝27岁那年，他借助中常侍之手，在梁太后去世之后，以雷霆手段铲除了梁冀一党，夺回了政权。可惜的是，请神容易送神难。他夺回朝政大权时依靠的那些人，既不满足于高官厚禄，也不满足于封侯裂土，而是想要控制朝政。他们想像大将军梁冀那样控制朝政，随心所欲地发号施令，汉桓帝仅仅是供他们玩弄的一个傀儡而已。汉桓帝虽然从梁冀手中夺回了朝政，但贵为天子的他却同样做不到说一不二，因为权力虽然在自己手里，把柄却在一帮宦官手里。汉桓帝一时又没有办法对付宦官，所以干脆就与他们沆瀣一气，共同对付那些敢于反对宦官干政的朝中大臣。

汉桓帝在位的后十年间，同样是碌碌无为。窦武在为李膺等人辩解时说汉桓帝“即位以来，未闻善政”，不是夸大之辞，而是说的实情。汉桓帝在位期间政治上无所作为，国家财力空虚，四方战乱不止，百姓生灵涂炭。汉桓帝面对这种情况无动于衷，无所作为，而是寄情声色，耽于享乐，荒淫无道。他也很喜欢佛教，经常搞一些拜佛的活动，倒是给了佛教很大的发展空间。由于汉桓帝荒淫无度，竟然连个子嗣也没有留下来。所以，他死之后，何人继位又成了大问题。

汉桓帝一死，年纪轻轻的窦皇后便成了窦太后。按照汉朝的惯例，皇帝死后，如果子嗣年幼，太后可以临朝听政。汉顺帝去世后，汉顺帝的皇后梁妠成为太后，在汉冲帝、汉质帝和汉桓帝废立过程中发挥了主导作用。汉桓帝去世后，立谁为皇帝，窦太后最有发言权。所以，永康元年（167）汉桓帝去世后，窦武通过侍御史刘儵，对河间王子和各位侯爵的情况进行了解。刘儵推荐了时为解渎亭侯的刘宏。于是，窦武入见窦太后，征得窦太后的同意，立年仅12岁的解渎亭侯刘宏为帝，是为汉灵帝，改元建宁。

立刘宏为帝之事，汉桓帝初年的京都童谣《城上乌童谣》已经有所预见："城上乌，尾毕逋。公为吏，子为徒。一徒死，百乘车。车班班，入河间。河间姹女工数钱，以钱为室金为堂，石上慊慊舂黄粱。梁下有悬鼓，我欲击之丞卿怒。"这首童谣前面几句说的是汉桓帝在位时的事情，自"车班班，入河间"以下，则是说刘宏为帝之事。其中"河间姹女工数钱，以钱为室金为堂，石上慊慊舂黄粱"数句，是说汉灵帝之母永乐太后喜欢积攒钱财，金银珠宝充满堂室，还犹嫌不足，常常使人舂黄粱而食之。不仅如此，永乐太后让儿子汉灵帝卖官鬻爵，欲敛尽天下之财。忠贞正直之士对此深恶痛绝，却又无可奈何。当然，这是后话。不过从这一童谣来看，东汉末年的许多事情颇为诡谲，有些事情似乎冥冥之中已有定数。

临危受命整朝纲

刘宏虽然被立为帝，但由于刘宏年幼，还是由窦太后临朝听政。窦太后任命父亲窦武为大将军，掌握天下兵马，控制军权，稳固朝政。但治理朝政需要能臣和忠臣，窦太后因此想起了当初极力举荐她为皇后的陈蕃，她深知没有陈蕃当初的力荐，就没有她的今天。她对陈蕃的能力也很有信心，于是立即下诏，把居家赋闲的陈蕃召回朝廷，任命陈蕃为太傅，录尚书事。

太傅是西周设置的官员，其职责是辅佐天子处理朝政，位居三公之首。春秋战国沿置，辅导君王，执掌军政。西汉不常置。东汉不置太师、太保，上公唯太傅一人，秩万石。窦太后把朝政交给陈蕃，虽是投桃报李，但其理由也是名正言顺。其诏书云："夫民生树君，使司牧之，必须良佐，以固王业。前太尉陈蕃，忠清直亮，其以蕃为太傅，录尚书事。"[1]

---

① 《后汉书》卷六十六《陈王列传第五十六》。

窦太后召回陈蕃的理由是：帝王想让老百姓过好日子，就必须有好的助手辅佐。前任太尉陈蕃忠贞清廉，刚直不阿，高风亮节，是非常合适的人选，因此任命陈蕃为太傅录尚书事。太傅是皇帝的老师，也是皇帝的首辅大臣。皇帝年幼或者缺位的时候，太傅可以代替他管理国家，代理朝政。窦太后任命陈蕃为太傅录尚书事，实际上是把治理国家的重任交给了陈蕃。这既是对陈蕃执政能力的充分信任，也是对陈蕃当初极力举荐她为皇后的一种报答。

陈蕃再次复出之后，位当辅臣之首，自是对朝廷感恩戴德，尽心竭力。他深感责任重大，上任之后做的第一件事就是治理朝政、整顿朝纲。汉桓帝去世后，朝政混乱，没有人愿意出来做事。尤其是负责国家日常事务的尚书台，那些尚书们在看不清朝政发展趋势的时候，竟然一个个都称病在家，不再上朝理事。他们知道，这个时候多一事不如少一事，弄不好得罪了哪个权臣，就可能吃不了兜着走。陈蕃上任后，给尚书台的诸位尚书写了一封信，严词谴责这种怠政现象。他在信中说：“古人都很注重立节，事情做完之后要像还没有做完那样继续保持严谨、细致，以做到善始善终。如今国家有事，皇帝大位还没有确立，处理朝政一天比一天艰难。可是，你们这些人怎么能够在这种情况下，以生病为借口，心安理得地在家躺在床上？这已经丧失了基本的道义，还怎么能够去求什么仁德呢？”为官之道，在恪尽职守，求仁得仁。但如果失去基本的道义，还怎么去求仁得仁呢？尚书台的尚书们接到陈蕃的书信，知道陈蕃这是以理服人，以情动人，同时也是先礼后兵。他们和陈蕃共过事，知道陈蕃疾恶如仇的性格，一个个都老老实实地出来做事了。陈蕃竭尽全力辅佐窦太后，使得朝政没有荒废，一切按部就班，正常运转。

虽有大功辞封赏

陈蕃复出后，处理朝政公允公正，有条不紊，使东汉王朝这部破旧的机器在超负荷的情况下依然能够正常运转。在陈蕃等人的帮助下，窦太后顺利地完成了立解渎亭侯刘宏为帝的大事。新君虽然即位，但刘宏毕竟年幼，朝中大事还需要窦太后临朝听政。对陈蕃复出后的表现，窦太后十分满意。为表彰陈蕃忠心耿耿为国家做出的重大贡献，窦太后下诏，封陈蕃为高阳侯。

太后封赏诏云："盖褒功以劝善，表义以厉俗，无德不报，《大雅》所叹。太傅陈蕃，辅弼先帝，出内累年。忠孝之美，德冠本朝；謇谔之操，华首弥固。今封蕃为高阳乡侯，食邑三百户。"诏书先讲了褒功扬善的道理，认为褒扬有功之人是为了劝人为善，表彰仁义之事是为了激励世俗。如果建立了大功而不给予报偿的话，那就成了《诗经·大雅》所感慨的那样"无言不仇，无德不报"。太傅陈蕃从前辅佐先帝，外出做官和在朝为官已经很多年，他的忠孝美德，在本朝可以称为第一；他仗义执言、刚直不阿的性格，就算到了满头白发之时，不仅没有改变，而且越来越坚定。所以特封陈蕃为高阳侯，食邑三百户。窦太后的诏书，是对陈蕃的肯定和褒奖，也是许多臣子翘首以盼的美事儿。但陈蕃不这样看，他认为，作为臣子就应该这样，而不是为了博取封侯之赏。他十分恳切地上书，辞让封侯之事。

中国历史上，许多人为官，就是为了博一个封妻荫子，福佑后代。要达到这一目的，就需要封王封侯。不是皇族出身，封王的事情一般不要去想。但封侯还是可以争取的，官位到了，功劳到了，就有可能被封侯。但也有一些人视功名如粪土，不乏"粪土当年万户侯"的气概。陈蕃就是这样一个人。当窦太后要封他为高阳侯的时候，他上书辞让，而且言辞十分恳切。他说：朝廷使者到了臣的家中，宣读懿旨，封臣为高阳侯，并授予高阳侯印绶。这件事让臣诚惶诚恐，不知该怎么做才好。臣听说，辞让封授，是道德高尚的表现。但是，臣不敢以此来欺世盗名。臣私下以为，封侯这样的荣显，是给那些有功德的人。臣思前想后，为官以来，没有做出什么显著的成绩，也没有超出常人的才能，不论干得好坏，都已经得到了朝廷的俸禄。臣虽然没有高尚的情操，但臣还是十分羡慕那些道德高尚的君子，不是合乎情理的东西，即使得到了也不会据为己有。臣如果接受了封侯之赏，不加辞让，而是厚着脸皮坦然接受，那就会使皇天震怒，灾害危及百姓。这样的情景，是臣不愿看到的。希望陛下顾念臣子年老体衰，戒之在得，让臣下能够活得轻松一些。陈蕃言辞恳切，辞让之意非常坚决。

窦太后此举是为了奖励陈蕃，同时也是为了让臣下看一看她是奖罚分明的，便不许陈蕃辞让。如此这般，前前后后，封赏，辞让，辞让，封赏，往还竟达十多次，陈蕃最终还是没有接受封赏。由此可见，陈蕃为官不是为了个人利益得失，更不是为了个人的功名利禄，而是真正心系苍生，具有崇高的家国情怀。

窦太后封赏陈蕃，其实也存了一番私心。她封陈蕃为高阳侯，固然是为了拉拢陈蕃，稳固陈蕃之心，让陈蕃真正成为她的心腹，以巩固她的地位，同时也是为了借机封赏窦氏家族和其他大臣。陈蕃虽然辞让了，但窦氏家族却毫不顾及舆论，欣然接受，甚至有点吃相难看。她先是拜父亲窦武为大将军，封为闻喜侯；又把她的兄长窦机封为渭阳侯，任命为侍中；封另一个兄长的儿子窦绍为鄠侯，并提升他为步兵校尉；封窦绍的弟弟窦靖为西乡侯，位命为侍中，掌管羽林左骑。这真是有点“一人得道，鸡犬升天”的味道了。窦太后如此重用和封赏自己的家人，惹得朝中许多大臣愤愤不平，很多人对窦太后颇有怨言。但窦太后为了稳固自己的地位，一时也顾不得那么多了。

除宦竖志同道合

陈蕃在整顿朝纲的同时，也深深感受到那帮宦竖是整顿朝纲的最大阻力。他们依仗着居于内宫，有接近太后和皇上的便利，不仅借机谋取个人私利，而且对朝政暗中掣肘，营私舞弊。因此，在刘宏被立为帝不久，陈蕃便谋划着剪除宦竖的大计。

也许是受了陈蕃的影响，大将军窦武也深刻意识到了汉朝的积弊所在，那就是宦官干政。宦官是皇帝身边的近臣，残缺的身体和扭曲的心灵，使他们的思维方式和看问题的角度与常人完全不同。他们中的一些人处心积虑攫取钱财和官禄，且常常利用能够接近皇上这一便利条件，左右皇上，干预朝政。自汉桓帝延熹元年（158）开始，宦官在东汉的政治舞台上就开始扮演重要的角色。当时，汉桓帝利用中常侍单超、徐璜、具瑗、左悺、唐衡等除掉大将军梁冀一党。为了安抚单超等五人，汉桓帝封他们为县侯，食邑为一县，故人们称之为“五侯”；而出力最大的尚书令尹勋和司隶校尉张彪等七人仅封为亭侯，地位远在那些宦官之下。即使这样，单超等人依然贪得无厌，身为宦官，却还要在朝廷中出任实职，如单超后被任命为车骑将军。汉代官制，军队最高将领为大将军，其次为骠骑将军，再次为车骑将军。车骑将军在汉代军队序列中排名第三，位在卫将军和前、后、左、右将军之上，其地位堪比三公。更为重要的是，车骑将军掌管京师卫队，负责宫廷的安保，权势尤重，位比三公。一个宦官竟然有如此之大的权力，对于朝廷来说并不是好事情。汉桓帝也意识到了这一点，但他还要依靠单超等宦官，所以只好任由宦官势力越来越大。这种情况从延熹元年（158）开始，一直没有改变。窦武升任大将军之后，意识到了宦官干政的严重性，因而也产生了剪除宦官的想法。

陈蕃对于宦官干政是深恶痛绝，早有剪除宦官之意。他看出了窦武有这样的意思，就私下与窦武商议，谋除宦官之策。陈蕃对窦武说：“中常侍曹节、王甫等人，早在汉桓帝时就干预朝政，操弄国权，搞得国家乌烟瘴气，百姓怨声载道。如今阁下为大将军，掌握国家兵权，我等大臣在朝中也占据有利地位。如果不趁此时把曹节等宦官除掉，以后就更难办了。”窦武认为陈蕃说的在理，一拍即合。公元168年的一个看似不起眼的日子，东汉王朝中两个最有权力的大人物私下达成了默契：寻找机会，准备对宦官下手！他们都在暗中寻找合适的机会，准备一击而胜。

陈蕃与窦武谋定之后，便开始为剪除宦官做准备。他利用自己太傅录尚书事的身份，开始联络朝中那些正直且敢于担当的大臣，大胆起用他们。他们以朝廷的名义，任命尹勋为尚书令，刘瑜为侍中，冯述为屯骑校尉。对于剪除宦官来说，这是几个关键的位子。东汉时期，朝廷政务归尚书台管，尚书令为尚书台的长官，掌决策出令、综理政务；侍中则是职掌殿内门下众事，是皇帝身边的近臣，经常有机会接触皇帝；屯骑校尉为汉代八校尉之一，为骑兵将领。在冷兵器时代，骑兵机动性强，战斗力也比较强，比步兵有更大的优越性。陈蕃和窦武与尹勋等人目标一致，就把他们纳入与宦官决战的基本队伍中。

为了壮大与宦官决战的队伍，陈蕃又大胆起用因党锢之祸被禁锢的天下名士，其中包括前司隶校尉李膺、宗正刘猛、太仆杜密、庐江太守朱寓。陈蕃把他们召至京师，授予他们官职。任命李膺为长乐少府，杜密复任太仆，朱寓为司隶校尉，同时，陈蕃还把前越嶲太守荀昱请回，任命为从事中郎，并把颍川名士陈寔请到朝中，作为自己的属下。陈蕃和他们一起，共同谋划剪除宦官的大计。当时许多人以为，陈蕃和窦武此举意在重振朝纲，中兴汉业。这让许多有识之士看到了希望，他们翘首延颈，等候朝廷的召唤，时刻准备为国家效力。一些人甚至乐观地认为，东汉王朝河清海晏、政治清明之日指日可待。沉闷压抑、信心丧失殆尽的东汉王朝似乎看到了一线希望。

借日食小试牛刀

陈蕃作了一番部署之后，暗中在寻找合适的机会。汉灵帝建宁元年（168）五月，发生了日食。在中国古代，发生日食是非常大的事件。陈蕃认为，这是一次可以利用的机会。

古人大多相信“天人感应”之说，习惯把发生的异常天象与人事联系在一起，认为人间若要发生大的变故，上天一定会有所预警，甚至要给予警告。日食是对天子的警告，是上天通过日食这种方式警示天子：朝政有重大缺失，国家将面临灾难。天子如果意识不到，或是不采取措施予以补救，那么，上天就会让灾难降临人间。所以，在汉代，如果发生日食，皇帝就要下《罪已诏》，要反躬自省，看一看自己究竟有哪些做得不对，哪些违背民心，哪些不合天理。西汉文帝前元二年（前178）十一月晦发生了日食，汉文帝因此下《罪已诏》。他的诏书不是怪罪上天，而是归罪于自己：“朕闻之，天生民，为之置君以养治之。人主不德，布政不均，则天示之灾以戒不治。乃十一月晦，日有食之，适见于天，灾孰大焉！朕获保宗庙，以微眇之身托于士民君王之上，天下治乱，在予一人，唯二三执政犹吾股肱也。朕下不能治育群生，上以累三光之明，其不德大矣。令至，其悉思朕之过失，及知见之所不及，丐以启告朕。”[1]自此而下，两汉期间凡是发生了日食这种现象，皇帝就下《罪已诏》，以向上天和百姓谢

① 《汉书》卷四《文帝纪第四》。

罪。但此时汉灵帝刚刚即位，且年纪尚小，不可能担负罪己之责。所以，陈蕃就抓住机会，以日食为说辞，再次劝说大将军窦武。

自西汉董仲舒创立“天人感应”说之后，两汉君臣大多相信此说，认为上天所降祥瑞或灾异都与人事有密切联系。人世间如果将要发生大的变故，上天一定会通过某种方式做出预警。日食就是最为重要的预警方式。两汉学人认为，日食是警示天子的，所以，如果有日食发生，那么，天子就应做出相应的反应。但这次日食发生在汉灵帝即位之初，陈蕃没有把日食之过归咎于年龄幼小的汉灵帝，而是认为这是宦官干政造成的。陈蕃就拿这件事，游说大将军窦武。他说：当初萧望之是那么有功劳、有作为的一个大臣，却被受过腐刑（即宫刑）的石显迫害致死。最近，李膺、杜密诸位贤达也因为宦官的迫害，祸及妻子、儿女。萧望之是汉宣帝时的大臣，当时仅有一个石显，就使他受迫害致死。何况而今像石显那样的人有几十个呢？我陈蕃已经快80岁了，想替将军除去这些祸害大臣的宦官。如今，可以抓住机会，利用日食这件事，把宦官全部罢免，以防止石显那样的事情发生。

陈蕃之所以极力劝说窦武，不仅因为窦武是大将军，掌握着天下兵权，而且窦武还是窦太后的父亲，只有窦武才能够劝说窦太后下定决心。窦太后如果不下决心，一切都是白费。至于要劝说窦太后，陈蕃虽然自知曾经有恩于她，但他不想利用这一点，他不想把个人恩怨与国家大事扯在一起。与宦官的决战事关国家和社稷安危，窦太后必须认识到这件事情的严重性和急迫性，才可能痛下决心。而能够说服窦太后的，只有她的父亲窦武。所以，陈蕃才在窦武身上花费了更多的心思和力气。

陈蕃非常担心窦太后身边的那些人，尤其是汉灵帝的乳母赵娆以及那些整天围着汉灵帝转的一帮女官员。她们在汉灵帝和其母董太后面前替曹节、王甫等宦官说好话，并且有意无意地左右着窦太后的态度。这是陈蕃最为担心的，为此，陈蕃劝说窦武：“赵夫人和那一帮女尚书，早早晚晚在窦太后面前说一些坏话，危害朝政，祸及国家。应该赶快把她们赶出宫去，以绝后患。请大将军三思。”

窦武以为陈蕃说得有理，就寻找机会进入后宫，劝说窦太后：“按照汉朝惯例，宫里的宦官们只是负责一些后宫的杂务，看看门，护护院，给后宫提供一些财物所需，不参与朝政。但是，如今的宦官却参与朝政，而且占据了重要的岗位，他们的弟子遍布朝廷，专门做一些贪污腐败的事情，惹得天下百姓议论纷纷。太后正应借日食之机，宣布宦官的罪状，把那些干预朝政的宦官全部诛杀，还朝廷一个清明！”窦太后却不同意，她说：“大汉朝虽然有这样的规定，但要杀他们，也得有杀的罪名。怎么能够因为一两个宦官干预朝政，就把所有的宦官都杀掉呢？”窦武坚持认为，即使不把宦官都杀掉，也要把那些干预朝政的宦官除掉，譬如中常侍管霸和苏康，他们在后宫颇为专制，又干预朝政，应该先把他们杀了，起到杀一儆百的作用。窦太后听从父亲窦武的建议，下令把作恶多端的管霸和苏康杀了。

此后，窦武再次劝说窦太后，把干预朝政的宦官曹节、王甫等人除掉。曹节等宦官在管霸、苏康被杀后，知道大事不妙，就有意识地讨好窦太后，取媚窦太后，使得窦太后觉得这些人并不像父亲说的那样可恶，于是她始终犹豫不决，不忍心下手。窦太后最终没有听从父亲的建议，而是放了曹节、王甫等人一条生路。

窦太后的这一“妇人之仁”，不仅为窦武、陈蕃剪除宦官一事埋下了巨大隐患，也使整个窦家面临灭顶之灾。

陈蕃和窦武花那么大的力气，布那么大一个局，准备把那些为非作歹、恃宠弄权的宦官一网打尽，还汉朝一个朗朗乾坤，还朝政一个清明。可是，事件的发展出乎他们意料，窦太后只是把两个民愤极大的宦官管霸和苏康杀了。其他宦官虽然受到了警示，但照样为所欲为，不知收敛。有窦太后的庇护，他们更加有恃无恐，该怎么做还是怎么做。不仅如此，他们看出了陈蕃和窦武的真正用意是要把他们一网打尽，一个不留，他们明白了面临的险境，开始暗中积蓄力量，准备伺机反扑。陈蕃感受到了来自不同方面的巨大压力，决定放手一搏，力争毕其功于一役。

再上书剪除宦官

陈蕃看到了东汉朝政的痼疾所在，那就是宦官弄权，干预朝政，致使朝政无法走向正轨。而眼前这样的结果，对于想恢复汉朝制度，重整东汉王朝的陈蕃来说，显然是无法接受的。他清楚地知道，天下士子此时都在翘首以盼太平。而东汉王朝若想真正获得太平，必须剪除宦官。但陈蕃也深知：他和窦武虽然身居高位，权倾天下，但最终的决定权并不在他们手里。要剪除宦竖，重振朝纲，必须借重窦太后，让窦太后下决心。这样才能师出有名，才不至于让东汉王朝出现大的政治动荡。为此，必须选准机会，再次出手。

可是，当时的形势对陈蕃和窦武非常不利。汉灵帝的乳母赵娆整天围绕在窦太后身边，而赵娆又和一帮宦官暗中勾结，打得火热。中常侍曹节和王甫等人在管霸和苏康被杀之后，已经意识到危险来临，于是就千方百计收买赵娆和宫中的那些女官，让她们在窦太后面前为他们美言。同时，教唆她们在窦太后面前诬陷陈蕃等正直之臣，说陈蕃等人图谋不轨，意图危害社稷。

三人成虎，众口铄金。窦太后本来就是女流之辈，而围绕着她的一群女官又无一不讨好她、奉承她，拣她喜欢听的说，做她喜欢看的事儿。所以，窦太后对这帮女官很有好感。这群女官有意无意中说的一些赞美中常侍、诋毁陈蕃等大臣的话，虽然都未必入耳，但听得多了，也难免会产生一种先入为主的印象，窦太后开始慢慢相信她们说的话。曹节和王甫等宦官得到的最直接的好处，就是窦太后接连下了几道诏书，对曹节等人一会儿授予官职，一会儿又赏赐金钱。曹节等人一时间似乎比过去还要风光。

陈蕃和窦武密谋剪除宦官，而如今宦官们在窦太后的宠爱下却是越来越风光，越来越肆无忌惮，这让陈蕃难以接受。陈蕃瞅准机会，和窦武再次密谋。窦武虽然决心未变，但对说服窦太后却没有太大的信心。窦太后长期在后宫，围着她转的不是太监就是女官，而这些人大多已经被小恩小惠所收买，成为宦官的耳目。陈蕃对眼前这种局势看得非常清楚，知道越往后拖，就越难实现剪除宦官的目的，还汉室一个清明的政治生态的愿望自然也就无法实现了。

但是，对汉室的责任感，对国家的情怀，却使他无法放下铲除宦官的计划。他开始想利用曾经有恩于窦太后这一特殊背景，放手一搏。他相信窦太后一定会支持他。于是，陈蕃摈弃杂念，抖擞精神，向窦太后上了一道奏折，公开要求剪除宦官。他非常自信地认为，只要他以剪除宦官相号召，朝中文武百官一定会一呼百应，响应风从。经过一段时间的准备，陈蕃于汉灵帝建宁元年（168）八月，上书窦太后，向天下宣示要剪除宦官：

臣闻：言不直而行不正，则为欺乎天而负乎人。危言极意，则群凶侧目，祸不旋踵。钧此二者，臣宁得祸，不敢欺天也。今京师嚣嚣，道路喧哗，言侯览、曹节、公乘昕、王甫、郑飒等与赵夫人诸女尚书并乱天下。附从者升进，忤逆者中伤。方今一朝群臣，如河中木耳，泛泛东西，耽禄畏害。陛下前始摄位，顺天行诛，苏康、管霸并伏其辜。是时，天地清明，人鬼欢喜。奈何数月复纵左右？元恶大奸，莫此之甚。今不急诛，必生变乱，倾危社稷，其祸难量。愿出臣章宣示左右，并令天下诸奸知臣疾之。①

陈蕃这道奏章，是公开向宦官宣战，等于是发出了讨伐宦官的檄文。陈蕃之所以要采取这种极端的做法，固然是因为外部环境时不我待，必须置之死地而后生。更为重要的是，他想用这种方式激起朝中正直之士的斗志，凝聚更多的力量，同仇敌忾，夺取对宦官之战的胜利。为了剪除宦官，还汉室一个清明的政治生态，为百姓创造一个安定的社会，陈蕃已经将个人生死荣辱置之度外。

振臂一呼应者寥

要剪除宦官，关键是要取得窦太后的支持。陈蕃以为曾经有恩于窦太后，而窦太后也对宦官干政心存不满，所以一定会支持他。然而，陈蕃想错了。窦太后不仅没有像陈蕃要求的那样公开他的上书，而且对他置之不理。更为恐怖的是，窦太后身边的那些人，如赵娆和那些女官等，偷偷看到了陈蕃要诛杀宦官的上书，暗中把消息透露给了曹节、王甫等人。与此

① 《后汉书》卷六十六《陈王列传第五十六》。

同时，陈蕃的上书也通过其他渠道在朝廷传开了。

朝中文武百官听说陈蕃上书要铲除宦官，虽然觉得大快人心，但除李膺、杜密、朱寓、陈寔等正直之士坚定支持陈蕃外，其他人都不敢发声。许多人抱着观望的心态，对陈蕃与宦官之间的斗争作壁上观。更有一些人幸灾乐祸，等着看笑话。他们很清楚，汉室已经是病入膏肓，积重难返，发生危机是大概率事件，不发生危机才是奇迹。他们不参与、不介入，而是坐等汉室危机爆发，许多官员都是这样一种心态。对于欲“扫除天下”的陈蕃来说，这绝不是好事情。

陈蕃原来以为，只要他振臂一呼，竖起与宦官决战的猎猎战旗，朝中大臣一定会响应风从，很快会形成与宦官决战的强大阵容，而朝中那几十个宦官也会在强大的威势面前束手就擒。陈蕃本是官场宿将，对官场那些东西应该很熟悉，也有应对办法。可是，这一次他却是过于感情用事，也过于急于求成了。而感情用事和急于求成的结果，就是使他对剪除宦官之战的布局谋篇失之偏颇。他以为凭着他的人格魅力和在官场的影响，只要他敢于站出来，一定会有很多大臣跟着他，响应他，会成为他与宦官决战的强大后援，所以，他就匆忙上书，而对上书之后可能出现的各种意外情况，他则缺少应对之策。凡事预则立，不预则废。不把可能出现的意外考虑进来，不做好应对预案，一旦发生变化，就十分被动了。陈蕃上书之后，事情的发展不仅没有按照他预想的那样，反而朝相反方向发展，那就是窦太后把他的上书压了下来。而朝中大臣从不同渠道得知了陈蕃发出讨伐宦竖的宣战书之后，却应者寥寥。事情的发展出乎陈蕃的预料，陈蕃心里越发着急。

就在这个时候，又出现了异常天象。被称为凶星的太白星在运行中发生了冲犯上将星的情况，而且有要进入紫微星的趋势。懂得星象的侍中刘瑜看到这种异常星象，感觉大事不妙，就把这种异常星象的后果告诉了陈蕃。他说："如今天上的星辰出现了错乱的现象，这对大臣很不利。之前谋划的诛杀宦官之事，应及早动手。否则真可能发生不利于大臣的结果。"两汉时期"天人感应"之说十分流行，很多人都相信这一点。陈蕃听了刘瑜的分析，立刻感到了问题的严重性，于是秘密会见窦武，准备不待窦太后之命，提前动手。窦武同意陈蕃的看法，于是暗中调动兵力，任命朱寓为司隶校尉，刘祐为河南尹，虞祁为洛阳令。窦武奏请窦太后，罢免了黄门令魏彪，转而用他比较信任的小黄门山冰为黄门令。又让山冰暗中向窦太后上奏章，把诡计多端又劣迹斑斑的长乐尚书郑飒抓了起来，投进了黄门北寺狱。

陈蕃认为机不可失，时不我待，建议窦武把曹节等宦官直接抓起来杀了，用不着再去审问。窦武自以为兵权在手，曹节等人翻不起大浪，可以按照制度和程序慢慢地来，所以没有采纳陈蕃的意见，而是下令山冰与尚书令尹勋、侍御史祝瑨负责审理郑飒一案，希望从郑飒那里打开缺口。郑飒的口供果然牵扯到曹节和王甫等人。尹勋和山冰立即把这种情况报告窦武，请求窦武即刻下令抓捕曹节和王甫等人，并让侍中刘瑜奏明窦太后。然而，十分不巧的是，窦武这天夜里外出未归，没有回府。尹勋等人无奈，只好等第二天再向窦武报告。

决战时刻，主帅竟然缺位！这究竟是历史的宿命，还是事情的必然？一场生死对决的历史性大战，就在这瞬间发生了天翻地覆的变化。胜负易手，往往就在顷刻之间。

机密泄仓促应对

本来，所有的先机都掌握在陈蕃和窦武手中。只要陈蕃和窦武密捕宦竖的计划当晚没有泄露，铲除宦官之事都会按计划进行。然而，事情就是这么巧，关键时刻，窦武不在大将军府中，而陈蕃和窦武给窦太后的奏章，当晚就被人偷了出来，交给了曹节等宦官。于是，陈蕃和窦武铲除宦官之役一夜之间发生了大逆转。

宫中负责起草诏令的人发现了侍中刘瑜的秘密奏章，得知陈蕃、窦武等人马上要对宦官下手。这样天大的事，他们不敢隐瞒不报，就报告了长乐五官史朱瑀。朱瑀把窦武的奏章和刘瑜的奏章偷了出来，看过之后，不由得倒吸一口冷气，因为奏章中要求诛杀的竟然是宫中所有的宦官。朱瑀一时气恼，大骂起来："中常侍是有一些劣迹斑斑的，有犯十恶不赦之罪的，如果把他们杀了，那他们是罪有应得。可是，我们这些人有什么罪，也要被满门抄斩？"于是，朱瑀在后宫大声喊了起来："窦武、陈蕃要杀我们了！"朱瑀的喊声惊动了后宫值夜的人，他们很快聚拢起来。朱瑀连夜召集平时比较亲近且身强力壮的人，如长乐从官史共普、张亮等，总计聚集了十七个人，歃血为盟，准备诛杀窦武、陈蕃等人。

曹节当时也在宫中，他听到这个消息，刹那间感觉末日来临，他意识到他们眼下正面临着生死存亡。于是曹节召集中常侍商议。他知道此事的首谋是窦武，而窦武又有许多把柄。他罗列窦武的罪状说："先帝的宫女出嫁，窦武父子暗中截取，父子二人每人各留下十几个宫女，供自己享乐。这是大逆不道之罪！自身不正，怎么能够正人？"商议后，曹节他们决定抢先下手，也要为自己找一些名正言顺的理由，这样才可以师出有名。这个时候，他们见事情紧急，就连夜动手，开始围捕窦武。窦武是大将军，有调动兵马的权力，只要把窦武控制住了，就等于控制住了军队，陈蕃等文臣就不是对手了。

宫中发生的这一系列关系到汉室兴衰和许多人生死存亡的非常事件，住在宫外的窦武和陈蕃却浑然不知，所有参与铲除宦官的人都还蒙在鼓里。他们还指望明天拿到窦太后的懿旨，就对曹节等宦竖果断下手呢！

汉灵帝建宁元年（168）九月辛亥。这天夜里，中常侍曹节、王甫等人以迅雷不及掩耳之势，突然发动大规模行动。他们先秘密囚禁了窦太后，胁迫窦太后交出传国玉玺和皇上绶带。然后假称窦太后和汉灵帝之诏，派人手持符节来到黄门北寺狱，捉拿正在审理郑飒一案的尚书令尹勋和黄门令山冰。山冰认为此中有诈，不肯接旨，被当场诛杀。天亮之后，曹节等人挟持汉灵帝来到前殿，召见朝中大臣。曹节令汉灵帝乳母赵娆等人持刀拥卫在汉灵帝左右，通过挟持汉灵帝来威胁大臣。曹节下令封闭各个宫门，把宫门钥匙全部控制起来。同时派遣中谒者（宫中掌管传达皇帝命令的官员）分别把守南、北宫门，不经允许，任何人不得擅自出入皇宫。

控制了宫廷之后，曹节把留在尚书省的官员召集过来，拿刺刀架在他们脖子上，逼迫尚书省的官员们按照他们的意思起草诏书。第一道诏书就是罢免司隶校尉朱寓和河南尹刘祐；第二道诏书是任命王甫为黄门令，以便控制后宫。同时传下诏令，捉拿大将军窦武和太傅陈蕃等。

一场腥风血雨就此拉开了序幕。

大将军窦武此时已经得到消息：宦官曹节、王甫等囚禁了窦太后，挟持了汉灵帝，并以汉灵帝的名义发布诏令，要捉拿他和陈蕃等人。窦武此时不在大将军府，印信不在身边，无法调动兵马，只好和侄子窦绍带领北宫两千人马据守洛阳都亭（京城传递书信的人休息的地方），准备与曹节等决一死战。窦武的人马刚到都亭，就碰上被曹节从黄门北寺狱营救出来的郑飒，他以朝廷使者的身份，和侍御史、谒者等持节带领一班人马来到都亭，向窦武宣读诏书，准备捉拿窦武归案。窦武哪里会束手就擒？他不仅没有接受所谓的诏书，还与侄子窦绍一起，进入步兵营中，拿起弓箭，射杀使者。窦武对北军士兵说："黄门常侍已经反叛朝廷，挟持皇上，发动政变。各位尽力击杀叛贼，有功者封侯，加以重赏！"

曹节知道窦武手里有兵马，难以对付，就假诏调动兵马，任命少府周靖代行车骑将军之职，与护匈奴中郎将张奂，率领五营士兵，持节讨伐窦武。双方在都亭展开激战，从早至晚，直杀得天昏地暗，血流成河。天快亮的时候，中常侍王甫带领虎贲、羽林、厩驺、都侯、剑戟等士卒一千多人，出屯朱雀掖门，与张奂等率领的兵马会合。天亮之后，王甫所带兵马与周靖、张奂的兵马合兵一处，在宫门外摆下阵势，准备与窦武决战。

窦武的兵马苦战了一天一夜，得不到必要的休息和补充，而王甫的兵马则是刚刚加入，士气正旺。王甫围而不攻，对窦武的士兵展开心理攻势。他让自己的士兵对窦武的士兵喊话说："窦武反叛朝廷，其罪当诛。你们都是皇上的近卫军，应该保卫皇宫，为什么竟然跟着反贼造反？你们如果放下武器投降，朝廷将给予你们奖赏。如果执迷不悟，还是跟着反贼窦武，只有死路一条。选择生，还是选择死，都是一念之间，你们好好掂量掂量吧！"北军士兵素来畏惧宦官，一些人担心对抗下去只有随窦武一死这条路，于是，窦武营中开始有士兵悄悄逃跑。从早上开始到中午时分，窦武手下的士兵差不多快逃跑完了。窦武和侄子窦绍见势不妙，只好杀出一条血路，准备突围。然而，此时手下无兵无将，如何逃得脱？窦武和窦绍在突围时被杀，随后被枭首示众，他们的头颅被悬挂在都亭旗杆上，睹者侧目。

窦武之败，很多人感到不可理解。身为大将军，握有天下兵权，又有窦太后的支持，朝廷那些宦官怎么可能是他的对手？其实，窦武之败，败在自身。其一，他不能奉公守法，廉洁自律。他做了大将军之后，能贪则贪，能占则占，贪腐之名闻于朝野。其二，他罔顾国法，为所欲为。汉桓帝去世后，其宫女多被遣散，而窦武和其子窦机，却把那些有姿色的宫女暗中截留下来，供自己享乐，触犯了大忌。其三，在这场关乎汉室命运的决战中，窦武不懂得如何争取更大的支持，不懂得"首恶必办，胁从不问"。打击面过大，树敌过多，必然招致强烈反扑。其四，在与宦官决战的关键时刻窦武脱离主战场，给宦官可乘之机，致使宦官反客为主。其五，在得知宦官已经挟持窦太后和汉灵帝的情况下，没有果断率兵入宫营救，而是在宫外与宦官展开决战。结果倒持干戈，授人以柄，最后因众寡悬殊，兵败被杀。

窦武被杀后，其家属全部被流放。当天，窦太后就被囚禁于云台，不久也遇害。窦武死后，自幼跟随窦武读书的大将军府掾胡腾，冒着生命危险，将窦武和窦绍的尸首收敛起来，予以安葬。胡腾此举遭到了宦官的严厉制裁，继而被禁锢。窦武的孙子窦辅当时只有2岁，因受到窦武故旧的保护，得以逃脱。后来，消息泄露了出去，朝廷派兵抓捕。胡腾和大将军令史南阳人张敞一同保护窦辅，南逃至湖南零陵，然后放出风去，说窦辅已经死了，朝廷这才作罢。胡腾视窦辅为己出，悉心照料、教育他，后来又为他娶妻。桂阳郡将窦辅举为孝廉。到了汉献帝建安年间，荆州牧刘表闻知其名，任命他为荆州刺史从事，并让他恢复原来的窦姓。曹操平定荆州之后，窦辅与宗人迁居于邺城，窦辅在丞相府中供职。在跟随曹操征讨马超之役中，被流矢射中而死。当然，这是后话。

除宦竖慷慨赴死

陈蕃是剪除宦官的主角。在第二天被宣上朝的时候，他才得知曹节等中常侍控制了后宫，挟持了窦太后和汉灵帝，并假窦太后和汉灵帝之诏，罢免了司隶校尉朱寓和河南尹刘祐，任命王甫为黄门令。

面对已经发生的宫廷政变，陈蕃知道事情已经发生了变化。尤其是在得知曹节已经派重兵围攻固守在都亭的大将军窦武的消息后，陈蕃唯一能做的，不是坐以待毙，而是果断起事，策应窦武，与宦竖血战到底!

他不顾自己已是年近80岁的老人，毅然率领太傅府中官员和诸生八十多人，直接来到承明门。此时，后宫各门已经关闭。守卫承明门的卫兵早已接到了曹节等人的命令：任何人不得擅自入宫。守门使者非常严厉地对陈蕃说："您没有接到圣旨，为何要带领人马进宫？"陈蕃义正严词地说："春秋时期，晋国执政赵鞅率领大军进攻宗周，是为了驱除君主身边的邪恶小人。这样的事情，春秋时期已有先例。"言外之意，他是要入宫清除汉灵帝身边的邪恶小人。守门使者无奈，开门放陈蕃等人进去。

陈蕃率领人马，仗剑来到尚书门，对聚集在那里的人们义正词严地说："大将军窦武，忠贞卫国，现在却遭到宦竖们的围攻。黄门、中常侍们暴虐无道，难道想陷害忠良吗？"宦官王甫反驳说："先帝刚刚去世，陵寝还没有造成，窦武有什么功劳？他们兄弟父子三人，在先帝刚刚去世不久，就被封为侯爵。他们耽于享乐，整天花天酒地，并把先帝的宫女取为己用。短时间内，他们攫取了大量财富，富甲天下。作为臣子，竟然做出这样的事情，符合什么道义啊？您作为朝廷宰辅，与窦武这样的人结党营私，有什么脸面来为窦武这样的乱臣贼子求情？"王甫说罢，喝令手下人马立即抓捕陈蕃。

陈蕃虽然老迈，但锐气不减。他仗剑上前，斥责王甫等宦官干预朝政，误国误民。王甫手下兵马虽多，却是不敢向前，只是把陈蕃及其带来的人马团团包围，然后慢慢靠近，试图捉拿陈蕃。陈蕃手下都是敢死之士，双方展开对决。无奈众寡悬殊，陈蕃一方寡不敌众，在王甫所率兵马的重重包围下，力不能支，被王甫俘虏。王甫害怕夜长梦多，当即把陈蕃送往由宦官看守的黄门北寺狱关押，然后才率兵前去增援周靖和张奂。

陈蕃在黄门北寺狱，受尽了宦官的欺凌和侮辱。一个小宦官见了陈蕃，将陈蕃推倒在地，抬脚就踢，就像踢皮球那样踢来踢去，完全丧失了人性。他一边踢，一边骂："你这个老不死的，还能坑害我们吗？还能减少我们的人数吗？还能夺取我们禀报皇上的权力吗？"可怜一个年近八十的老人，为了国家社稷，为了汉室江山，竟然遭受如此非人的待遇！即便如此，曹节、王甫等人还是担心陈蕃会东山再起，于是就在诛杀窦武父子之后，也残忍地把陈蕃杀害了。

陈蕃遇害后，他的家属都被流放到遥远的边境（交州日南郡属县），他的宗族、门生、故吏全部被罢免，并遭到禁锢，永久不得录用。

陈留人朱震，字伯厚，是陈蕃的好朋友，桓帝时为州从事。得到陈蕃被杀的噩耗后，朱震弃官而去，来到京师洛阳，在陈蕃尸体前痛哭一场，并为陈蕃收尸，把他安葬好。在宦官肆虐、人人自危的情况下，朱震能够如此讲究朋友义气，令人刮目相看。不仅如此，朱震还偷偷地把陈蕃的儿子陈逸藏匿在甘陵县的农村里，但人们都不知道具体是在什么地方。后来，朱震藏匿陈蕃之子的事被人揭发出来，朱震被捕入狱，遭受严刑拷打，但他始终不吐露藏匿陈逸的地方，陈逸因此得以幸免于难。汉灵帝中平元年（184），爆发了黄巾大起义。朝廷担心士人与黄巾军合流，为安抚士人，赦免了因窦武、陈蕃事件被禁锢的党人，陈逸这才得以恢复原名，后来官至鲁相。当时人们对朱震这种为朋友两肋插刀的义举给予高度赞美，流传着这样两句谚语："车如鸡栖马如狗，疾恶如风朱伯厚。"朱震当初任济阴从事的时候，向朝廷告发济阴太守单匡贪赃枉法，此事牵连到单匡的兄长中常侍车骑将军单超，单超因此下狱。人们把单超兄弟和朱震进行对比，表现出鲜明的爱憎之情。

第二次党锢之祸

陈蕃和窦武联手铲除宦竖，因谋事不密，最终反而被曹节、王甫等宦官杀害。紧接着，第二次党锢之祸接踵而至，陈蕃、窦武在位时提拔的一些重要官员，以及李膺等被重新起用的官员，都在这次宦官政变中被残忍杀害了。

遭到杀害者，比较有名的是尚书令尹勋、侍中刘瑜、虎贲中郎将刘淑、雒阳令虞祁、屯骑校尉冯述、黄门令山冰等。更为重要的是，经此一役，对抗宦官的阵营元气大伤，不仅损失了陈蕃、窦武、尹勋、刘瑜等中坚力量，而且在宦官曹节、王甫等人的操纵下，汉末正直之士遭遇了第二次血雨腥风的党锢之祸。

如果说汉桓帝延熹九年（166）的第一次党锢之祸，使朝中正直之士遭到禁锢，造成了“正直废放，邪枉炽结”的严重后果，那么，汉灵帝建宁元年（168）八月，陈蕃、窦武铲除宦官之役的失败，则成了第二次党锢之祸的导火索。陈蕃和窦武等人遇害后，宦官们暂时清除了身边的威胁，再次控制了朝政。但这次事变也让天下士人进一步看清了宦官的险恶嘴脸，天下人对道德、正义等的祈盼更为炽热和急迫，对正直之士的推崇也愈发强烈，出现了《后汉书 · 党锢列传》描述的那种情况：“海内希风之流，遂共相标榜，指天下名士，为之称号，上曰‘三君’，次曰‘八俊’，次曰‘八顾’，次曰‘八及’，次曰‘八厨’，犹古之‘八元’‘八凯’也。”在宦官擅权施威，正直之士无路可走的情况下，士人们也只有采取这种方式，以表达对正直之士的敬仰，对宦官淫威的愤怒了。

山阳高平人张俭，字元节，是赵王张耳之后。他曾被州郡举为茂才，因与刺史不合而没有出来做官。后应太守翟超之请，出任郡督邮。他疾恶如仇，因上书弹劾中常侍侯览，与宦官结下仇怨。张俭与同郡二十四名志同道合的名士关系密切，仿照京师洛阳对名士的称呼，列出了山阳的“八俊”“八顾”“八及”，并刻石立坛。中常侍侯览指使人告发张俭，汉灵帝下令按照刻石上的名字，捉拿张俭等人归案。此时已经升任大长秋的曹节借此机会，下令抓捕在京师洛阳被称为“八俊”“八顾”“八及”“八厨”的人物。于是，党锢之祸在陈蕃、窦武等人被杀不久再次上演。

在宦官曹节的一手操弄下，陈蕃和窦武在位时重用的官员，不论是否参与了这次铲除宦官之役，一律以“党人”的名义抓了起来；另外那些在京师洛阳被称为“八俊”“八顾”“八及”“八厨”的人，也一律被抓。于是，那些虽然没有参与铲除宦官之役的朝廷正直之士，以及在外任职的正直之士，全部遭受了厄运。这些人被抓起来之后，不久就被杀害了。他们是故司空虞放、太仆杜密、长乐少府李膺、司隶校尉朱寓、颍川太守巴肃、沛相荀昱、河内太守魏朗、山阳太守翟超、任城相刘儒、太尉掾范滂等。同时被抓的还有一百多人，全部未经审判就在监狱中直接杀害了。而第一次党锢之祸的那些正直之士，要么是已经去世，要么是得到消息之后早早地亡命天涯。除此之外，全部遇害。

更为可怕的是，列名“党人”，成了一些人挟怨、报复、陷害的极端方式。有人和某人有私怨，或是有点小小的冤仇，就私下告发，说某人是“党人”。朝廷不问青红皂白，抓起来就杀。一些州郡的官员揣摩宦官的心思，把一些与“党人”毫无瓜葛的人诬陷为“党人”，很多人又因此遇害。在宦官的操弄下，全国范围内形成了围剿“党人”的浪潮，抓捕“党人”的捕快相望于路，络绎不绝。所以，第二次党锢之祸比第一次更为惨烈，因第二次党锢之祸被杀或被流放的士人，竟多达六七百人。

由陈蕃、窦武铲除宦官失败而引发的第二次党锢之祸，其惨烈程度远甚于秦始皇“焚书坑儒”和第一次党锢之祸。秦始皇“焚书坑儒”，是中国古代文人遭遇的第一次厄运。当初，秦始皇派遣方士卢生、侯生等寻找不死之药，卢生等人不仅没有找到不死之药，反而还私下议论秦始皇，后携带大量钱财逃跑，惹得秦始皇大怒。但卢生和侯生等人已经逃跑，秦始皇抓不到他们，便把怒气发泄到尚在京师的其他方士身上，总计抓获460多人，将他们全部坑杀。这些被坑杀的方士中，有不少是儒生，因此被称为“坑儒”。汉桓帝时发生的第一次党锢之祸，是文人遭遇的第二次厄运。这次厄运虽然来势汹汹，许多像李膺那样的正直之士被诬陷为党人而被捕入狱，并被禁锢终身。但由于贾彪、窦武、陈蕃等人极力营救，李膺等党人只是暂时遭受了一些磨难，并没有生命之虞。而第二次党锢之祸就不同了，它不仅持续时间长，遇害文士多，而且影响极坏，出现了《后汉书》所说的“诸为怨隙者，因相陷害，睚眦之忿，滥入党中”的现象。第二次党锢之祸流风余毒持续不衰，影响深远。中国历史上曾经出现的告密现象，都可以从东汉末年发生的第二次党锢之祸中找到渊源。

总有士人鸣不平

在与宦竖的殊死决斗中，陈蕃功亏一篑，最后惨死宦竖之手。但陈蕃的精神，陈蕃的品格，以及陈蕃的人格魅力，在东汉末年始终是一种激励人们与宦竖进行坚决斗争的力量。在不同的时期，总是有人站出来为陈蕃鸣不平。

在陈蕃、窦武等人被杀后的第九年，也就是汉灵帝熹平五年（176），永昌太守曹鸾发现，第二次党锢之祸其实是一场由宦官精心炮制的冤案，于是上书朝廷，为陈蕃等人鸣不平，要求朝廷为陈蕃、窦武等人平反昭雪。他的上书言辞激切，惹得汉灵帝大怒，立即下令把曹鸾抓起来，投进槐里监狱，严刑拷打，追查幕后之人。可怜曹鸾没能为“党人”申冤，反而冤死狱中。

汉灵帝唯恐有人为陈蕃翻案，便下令各个州郡再一次严格考察党人的门生、故吏、父子、兄弟等亲近关系，只要是还有做官的，立即罢免，并且要禁锢终身。汉灵帝采取株连的办法，凡是“党人”，和他们的血缘关系在五服之内的人都不得为官。这一次打击面够大的了。“党人”似乎成了可怕的“瘟疫”，只要沾上边，就逃不脱，躲不过。

虽然如此，还是有人为陈蕃等人鸣不平。汉灵帝光和二年（179），又有人站出来为陈蕃等“党人”说话了。上禄县长和海上书朝廷，认为按照礼制，同一个曾祖父的兄弟，既不在一起住，财物也是各自分开的，亲族关系已经比较疏远了，属于五服中最远的关系。可如今禁锢“党人”，还要连累五服，既与传统的礼制不合，又与常理相悖。汉灵帝看了和海的上书，觉得他说的有一定道理，就把“党人”不同祖父的亲属开禁了，允许他们按照正常渠道进入官场。

汉灵帝中平元年（184），黄巾起义爆发，势头非常迅猛。中常侍吕强担心黄巾军利用被禁锢的党人，就对汉灵帝说：“党锢之事积累得太久了，人们对此事多有怨言。如果长期不能赦免那些被禁锢的党人，他们很容易与张角合谋，会造成很大祸害，到那个时候恐怕就来不及了。”汉灵帝闻言，也感到了恐惧，于是颁布诏令，赦免所有被禁锢的“党人”。因此，受到“党人”牵累而被流放的家属，都可以回归故里了。至此，前后历时二十多年的东汉党锢之祸才算结束。

范晔在评价此事的时候指出：“凡党事，始自甘陵、汝南，成于李膺、张俭，海内涂炭，二十余年。诸所蔓衍，皆天下善士。”[①]是啊！受到党锢之祸牵累的，大多是正直之士，是疾恶如仇的忠贞之臣。他们正是看不惯宦官专权，才对陈蕃、窦武铲除宦官的行动予以不同形式的支持。但是可惜，真正到了生死相搏的时候，许多文士没有在陈蕃振臂一呼的时候挺身而出，而是选择了沉默和观望。这样做的结果，不仅让宦官在大开杀戒时肆无忌惮，而且也给士人自己带来了无穷的灾难。其深刻的历史原因值得人们深思！

汉桓帝末年，第一次党锢之祸发生之前，京师洛阳流传着一首童谣：

---

① 《后汉书》卷六十七《党锢列传》。

“茅田一顷中有井，四方纤纤不可整。嚼复嚼，今年尚可后年饶。”[1]当时人们口口相传，却不知道这首童谣到底说的是什么意思。直到陈蕃、窦武铲除宦官之役失败被杀，第二次党锢之祸爆发，人们才慢慢地悟出了童谣蕴含的深刻内涵，感慨童谣一语成谶。所谓“茅田一顷中有井”，是说海内群贤众多，虽遭受厄运，但也不失法度；“四方纤纤不可整”，是说宫里的宦官们看起来很纤弱，但是人们却对他们无可奈何；“嚼复嚼”是京都饮酒相强之辞，说的是遭受第一次党锢之祸后，许多正直之士被迫禁言，只好借酒浇愁；“今年尚可”，是说经历了第一次党锢之祸后，“党人”虽遭禁锢，但并无大碍，在得到贾彪、窦武、陈蕃等人的营救，终于脱离险境；“后年饶”，是说第一次党锢之祸过了一年之后，陈蕃、窦武等人因谋诛宦竖失败而被杀，宦官得志，擅权朝政，为所欲为，士人的境况更加险恶了。这首童谣在事件尚未发生的时候，预言了汉桓帝末年和汉灵帝初年发生的两次党锢之祸，似乎意在说明汉末发生的两次党锢之祸都是历史的宿命。陈蕃、窦武等有识之士虽然做了最大的努力，也付出了极大的牺牲，但在历史宿命面前，却无能为力。

这也许可以看作是对陈蕃等人铲除宦官之役失败的另一种解释吧。

① 《后汉书》卷一百零三《志·五行一》。

陈蕃自幼志在扫除天下，进入仕途之后，虽然起起落落，坎坎坷坷，但也的确做出了许多利国利民的好事，显示出非常可贵的家国情怀。更为可贵的是，陈蕃深知自己的身份，严守君臣分际，从不居功自傲。他连续十多次谢绝窦太后的封侯诏，始终不肯接受高阳侯之封，更显示出他的高风亮节。但是，陈蕃最终因铲除宦官失败而被杀，他少年时立下的扫除天下之志并没有实现。

如果以成败论英雄的话，陈蕃少年时期立下的“大丈夫当扫除天下”志愿可以说是大而无当、不切实际。如果结合陈蕃一生的作为来评价陈蕃，则他的家国情怀是非常值得称赞的。所以，无论陈蕃在世时，还是遇害后，有关陈蕃的讨论一直没有停息过。总的来看，赞扬者有之，批评者亦有之；指责者有之，惋惜者亦有之。立场不同，感受有异，自然难免言人人殊，评价不一。

陈蕃芜室，志清天纲

《后汉书》的作者范晔，在为陈蕃立传的时候，以史家的眼光对陈蕃做出了一番中肯的评价：“桓、灵之世，若陈蕃之徒，咸能树立风声，抗论惛俗，而驰驱崄阨之中，与刑人腐夫同朝争衡，终取灭亡之祸者，彼非不能洁情志、违埃雾也。愍夫世士以离俗为高，而人伦莫相恤也。以遁世为非义，故屡退而不去；以仁心为己任，虽道远而弥厉。及遭际会，协策窦武，自谓万世一遇也，懔懔乎伊、望之业矣！功虽不终，然其信义足以携持民心。汉世乱而不亡，百余年间，数公之力也。”①

范晔对陈蕃的评价是比较公允的。他认为，在东汉末年桓灵之世，世道人心已经完全变了，朝政也已经落入宦竖之手。在这种情况下，像陈蕃这样的人还能够超然独立，高洁不俗，驰驱于险恶的环境之中，和势力强大的宦竖做坚决的斗争，是非常难能可贵的。虽然陈蕃等人最终失败了，但这并不是因为他们不能坚守自己的情操，不能远离世俗的喧嚣，而是因为世道变了，人心变了。像陈蕃这样的高洁之士，以远离世俗为高，而许多人对他却毫不理解；他以逃避社会责任为不义之举，故而虽然一次次遭到贬斥而不愿离开官场；他把救世爱民作为自己的责任，这条路虽然艰难而遥远，但他始终不改初衷，而是愈战愈勇。桓灵之际，宦竖一手操弄的党锢之祸惹怒天下士人。陈蕃协助窦武，准备铲除宦竖，他自认为遇到了千古难得之机遇，有可能扫除天下，做出伊尹、吕望那样的伟业。但时运不济，他们以失败告终。他在这场斗争中表现出的信义和勇气，却足以振奋民心，提振士气。汉顺帝以后的一百多年间，东汉遭受如此之多的磨难而没有灭亡，正是因为有几个像陈蕃这样的忠贞之士在勉力支撑着大局。所以，范晔对陈蕃这位有志扫除天下的英雄，对这位悲剧式的英雄，给予了高度赞美："陈蕃芜室，志清天纲。人谋虽缉，幽运未当。言观殄瘁，曷非云亡？"②

范晔是史学家，他不是以孤立的眼光看待陈蕃这个人，而是把陈蕃放在东汉末年一百多年间的历史发展进程中来看。他认为，少年陈蕃虽然居

① 《后汉书》卷六十六《陈王列传》。

② 《后汉书》卷六十六《陈王列传》。

于陋室，却有扫除天下的志向，是非常有志气的人。他的志向是扫除人间污秽和邪恶，还汉室一个清明社会。年纪轻轻，竟有如此志向，是非常值得肯定和赞扬的。后来陈蕃进入仕途，在官场上打拼几十年，颇有作为。对国家，对百姓，他可谓是鞠躬尽瘁，死而后已。尤其是为了还汉室清明，他和窦武谋划铲除宦官，其谋划也不可谓不周密，但是，东汉的运势摆在那里，面对东汉末运和“忽喇喇似大厦倾”的局面，陈蕃和窦武又能够怎样呢？陈蕃被杀是非常令人惋惜的，但陈蕃之后的东汉更是令人唏嘘不已。桓灵之世，像陈蕃这样的正直之士都被杀掉了，东汉虽然还能苟延残喘，但离灭亡也差不了多少了。

由于陈蕃最终没能实现其扫除天下之志，也有人对陈蕃之志表示怀疑，甚至认为陈蕃是在说大话，根本不切实际。南宋大诗人杨万里有《读陈蕃传》诗，对陈蕃“大丈夫当扫除天下”之志表示怀疑：“仲举高谈亦壮哉，白头狼狈只堪哀。枉教一室尘如积，天下何曾扫得来？”[①]这首诗也是“一室不扫，何以扫天下”之语的最早出处。杨万里质疑陈蕃：小时候连自己住的一间房子都不打扫，弄得满室尘垢，却是一番豪言壮语；进入官场之后，要铲除宦官，反被宦官杀害。陈蕃说要扫除天下，岂不是一句空话？

陆游也有《读陈蕃传》诗：“莫笑书生一卷书，唐虞事业正关渠。汉廷若有真王佐，天下何须费扫除？”陆游此诗的立意与杨万里不同。他从读书干事的角度观察历史，认为凡是要干大事的人，都需要读书。读的书多了，知识和能力都会增加。可是，东汉正是缺少这样读万卷书、行万里路，具有真才实学的人，缺少可以治国安邦的人。如果东汉有这样的人来辅佐汉室，会把国家治理得好好的，政治清明，社会安定，百姓富足，哪里还用得着去扫除天下？

① 《诚斋集》卷十四《读陈蕃传》。

言为士则，行为世范

当然，不能以成败论英雄。后人给予陈蕃很高的评价，也是基于这一基本理念。所以，不论当时还是后世，对陈蕃的评价，正面赞扬者居多。梳理相关评价可以看出，有关陈蕃的正面评价，除史家外，很多人多着眼于陈蕃的道德品行、人格魅力、风度仪容和超凡能力。

汉末盛行清议之风，处士横议，无所顾忌。太学生议论士人更是直言不讳，好就是好，坏就是坏，爱憎分明。陈蕃虽然没有进过太学，但当时太学生却对他评价很高，有"不畏强御陈仲举"之评；大将军窦武则把陈蕃视为"国之贞士，朝之良佐"，他说："今台阁近臣，尚书令陈蕃，仆射胡广，尚书朱寓、荀绲、刘祐、魏朗、刘矩、尹勋等，皆国之贞士，朝之良佐。"[①]窦太后对陈蕃的评价偏重于陈蕃的道德、操守和品行，任命陈蕃为太傅时，说他"忠亮謇谔，有不吐茹之节"，在封陈蕃为高阳侯的时候，窦太后认为陈蕃"辅弼先帝，出内累年。忠孝之美，德冠本朝；謇谔之操，华首弥固"[②]。从陈蕃的一生来看，他确实是忠诚坦白，刚直不阿，从来不会欺软怕硬。他志在天下，品德高尚，忠孝传家，敢于直言，即使已经白发苍苍，依然不改初衷。这样的人难道不值得敬仰吗？

陈蕃遇害之后，有很多人为陈蕃鸣不平。与陈蕃共过事的张奂，在陈蕃遇害后，认为陈蕃刚直不阿，坚韧不拔，宁折不弯。汉灵帝时，郎中谢弼在一次上书中公开为陈蕃鸣不平："故太傅陈蕃，辅相陛下，勤身王室，夙夜匪懈，而见陷群邪，一旦诛灭。"[③]"勤身王室，夙夜匪懈"，这

---

① 《后汉书》卷六十九《窦何列传》。

② 《后汉书》卷六十六《陈王列传》。

③ 《后汉书》卷五十七《杜栾刘李刘谢列传》。

是对陈蕃勤于王政的高度赞美。

南朝刘义庆所著《世说新语》，记载人物奇闻趣事，偏重人物评价，故而被后人称为“志人小说”。在这部书中，刘义庆对陈蕃的评价别具慧眼，称“陈仲举言为士则，行为世范，登车揽辔，有澄清天下之志”。意思是说，陈蕃说的话成为士人的准则，做的事成为世人的规范。那么，陈蕃就是学子之师表，世人之楷模。这样的评价，大概也就是被称为“万世师表”的孔子才能够担当得起吧？至于说陈蕃“登车揽辔，有澄清天下之志”，虽是对范晔所说少年陈蕃有“扫除天下”之志的呼应，但从中不难看出，陈蕃出仕之后，时刻把“澄清天下”作为自己的理想和追求。像陈蕃这样以天下为己任的人，难道不值得尊敬吗？

有人评价陈蕃，则注重其仪容风度，如《青州先贤传》说当时京师流传着这样两句话：“陈仲举昂昂如千里骥，周孟玉浏浏如松下风。”[①]这句话把陈蕃比作千里马，既是对陈蕃外在风貌的赞美，也是对陈蕃超群能力的肯定。当时也有人把陈蕃与李膺、朱穆进行比较，称“颍川李府君頵頵如玉山，汝南陈仲举轩轩如千里马，南阳朱公叔飂飂如行松柏之下”。[②]时人还把陈蕃与周璆、李膺、朱穆等相提并论，但无论和谁比较，陈蕃都有“千里马”之誉。可见，时人评价陈蕃，都十分看重他的为政能力。山涛之子山简评价陈蕃，则注重朝野之分，认为“郭泰、许劭之伦，明清议于草野；陈蕃、李固之徒，守忠节于朝廷”[③]。山简对陈蕃的评价，对范晔很有启发，并为范晔所借用。

---

① 引自《艺文类聚》卷二十二。

② 《世说新语·赏誉第八》“世目李元礼”条刘孝标注引《李氏家传》。

③ 《晋书》卷四十三《山简传》。

犯上摄下，优劣难判

陈蕃与李膺都是桓灵之际的风云人物，在当时的太学生中影响都很大，出仕期间都有很好的政声。后来，一个因铲除宦官之役失败被杀，一个因列名党锢之祸首犯被害于狱中。由于二人有太多类似的情况，所以，有人把陈蕃与李膺进行比较评价，试图在比较中分出优劣高下。

最早对陈蕃作比较评价的是蔡邕。第二次党锢之祸后，时人把陈蕃和李膺进行比较，一时难分伯仲。蔡邕说："陈仲举强于犯上，李元礼严于摄下。犯上难，摄下易。"蔡邕的意思是，陈蕃敢于犯上，不怕权贵，不计得失；而李膺则对下属能够严格管理，让下属都听从他的号令。李膺在任青州刺史的时候，下面的县令都很惧怕李膺，因为他刚正不阿、清正廉洁。陈蕃当时也是李膺属下郡守，却能够安然处之。在蔡邕看来，一个人要做到敢于犯上是非常难的事情，个人的功名利禄，升迁黜陟，都掌握在上司的手中。如果犯上，就要考虑上司是否能够听得进逆耳忠言。在面临大是大非的时候，敢于犯颜直谏，就更加困难。尤其是面对作为天下至尊的皇上的时候，陈蕃还能够无所畏惧，犯颜直谏，那是非常难能可贵的。要做到这一点，真的很难！所以，蔡邕比较之后，用"犯上难，摄下易"，来表明自己对陈蕃与李膺的看法。这样的评价，已经分出了优劣高下。

三国时期的姚信在《士纬》一书中，对蔡邕之说则表示怀疑。他先介绍了当时的争议："陈仲举体气高烈，有王臣之节；李元礼忠壮正直，有社稷之能。海内论之未决，蔡伯喈抑一言以变之，疑论乃定也。"接着，他对蔡邕之说予以质疑，他说："窃以伯喈未必可从也。夫皋繇戒舜，犯上之征也；舜治百揆，接下之效也。故陈平谓王陵言：'面折廷争，我不如公；至安刘氏，公不如我。'而犯上则为优，是王陵当高于陈平，朱云殊乎吴邓矣！陆恭仲答曰：‘陈李二君，德齐于行，才等于身，无长短之馋拢。’时人惑其先后。”[1]陈蕃和李膺是同时代人，又同是国之干城，论起两人在当时士人中的影响，李膺与陈蕃也是不相上下。而论起对东汉桓灵之世的影响，二人也是难分伯仲。所以，姚信不赞成用“犯上”和“摄下”的标准衡量陈蕃与李膺之高下，并举陈平与王陵的例子加以说明。但是，客观地说，“犯上”与“摄下”确实有难易之分。唐人吴兢则认可蔡邕的说法，指出：“陈留蔡伯喈以仲举强于犯上，元礼长于摄下。犯上为难，摄下为易，宜先仲举而后元礼。”[2]也是看到了问题关键。

明代学人王世贞对党锢之祸中的领袖人物有一个基本评价，这就是“当以李元礼为第一，陈仲举次之”。很显然，他认为李膺应在陈蕃之上。而对于窦武，他则是评价不高。他认为，窦武“拥后父之尊‘迎立嗣主’此不过人臣之常节耳。而身改大国，一子二从，皆封侯握兵。纵遂能声宦官罪，而尽诛之。何以服其心？使无语邪？元礼文武材也惜不善用之耳。”[3]的确，以窦武当时的威势和权力，铲除宦官不是太难的事情。可是，窦武最终竟然失败了，还命丧宦竖之手，实在可悲！尤其是当王甫拿窦武的一些事情质问陈蕃的时候，陈蕃竟然无以为对。窦武作为国之干城，竟然有如此苟且之事，也让视其为同党的陈蕃蒙羞。至于李膺，则是“蕴义生风以鼓动流俗，激素行以耻威权，立廉尚以振贵势”。[4]一个身在官场的人，能够做到这三点，绝不是明哲保身之人，而是要树立为臣之节操，进而以此来保全国体的人。当时的太学生虽然把窦武、陈蕃、刘淑称作“三君”，而实际上，窦武是难以担当这一称号的。若以李膺当之，

---

① 《太平御览》卷四百四十七。

② 《长短经》卷三。

③ 《读书后》卷二《书党锢传后》。

④ 《后汉书》卷六十七《党锢列传》。

则毫无愧色。

仲举性峻，峻则少通

对陈蕃的道德操守和风度仪容，人们几乎没有微词。但对陈蕃的性格，却有不同评价。陈蕃的老乡许劭，当时在汝南平舆主持“月旦评”，品评天下人物。对于陈蕃，他有“仲举性峻，峻则少通”八字评价。在许劭看来，陈蕃为人过于严肃苛刻，较少变通，给人难以接近和交往的感觉。所以，作为当时民间议论界的领袖人物，许劭对陈蕃是敬而远之，并不主动上门结交。

所谓“性峻”，就是陈蕃待人接物有些冷峻，不那么容易让人接近。看一看陈蕃在官场上的作为，实际上就是他原则性很强，缺少变通。他认准的事儿，一定会坚持到底。即使是皇上发过的话，做过的事儿，他如果认为不合适，也会直言不讳地讲出来，有时令皇上也很头疼。另外，从他硬闯承明门一事也可以看出来，陈蕃做事的确缺少变通。

陈蕃和窦武铲除宦官之谋被意外泄露，窦太后被软禁，窦武遭到曹节、王甫等人派来的大军的围攻。陈蕃得到消息，不顾个人安危，率领八十多人，硬闯承明门，一定要与宦竖拼个你死我活。这就是陈蕃的性格。如果不这么做，那就不是陈蕃了。所以，许劭之评，是针对陈蕃性格缺陷的评价，并不涉及陈蕃的人品和能力。

对于陈蕃率领部下强闯承明门，后人的评价则是多有微词。北宋“三苏”之一的苏辙，认为陈蕃铲除宦官之役有两大失误：首先是谋事不密。所谓“君不密则失臣，臣不密则失身，几事不密则害成”。他举例子说，鸷鸟将捕获猎物的时候，必定先藏匿其形，然后出其不意，攻其不备。飞鸟尚且知道秘密行事，何况人类呢？一件事想做还没有做的时候，已经让对手清楚了你的意图，哪有不失败的道理？陈蕃是官场宿将，当与窦武准备铲除宦官，竟然先上书朝廷，搞得满朝文武都知道，宦官也有了足够的时间准备反扑，这样怎么能够取胜呢？其次是谋诛宦官之事泄露之后，陈蕃和窦武没有先发制人，却让宦官曹节等人假称奉皇上旨意，剿杀窦武。陈蕃以老迈之身，率领官属门生八十余人，拔刃闯入承明门，振臂大呼，最后却被宦官王甫杀害。苏辙认为，陈蕃乃“一朝老臣，名重天下，而狷狂寡虑，乃与未尝更事者比，几乎暴虎冯河，死而无悔者，斯岂孔子所谓贤哉！”[①]在苏辙看来，陈蕃是几朝老臣，经历了许多事情，凡事应该知道三思而后行。可是，他竟然硬闯承明门，这真是鲁莽至极，与不懂事的孩子没有什么区别！

倒果为因，失于偏颇

有的论者评价陈蕃，倒果为因，失之偏颇。宋代学人谢采伯，就把党锢之祸的原因归咎到陈蕃身上。他说过这么一段话：“汉唐之祸，激于君子，成于小人。成于小人，固势所必至；激于君子，实念虑有所不及。春秋之法，责备贤者，可恨也。夫陈蕃年八十余，老成虑事非不详，而诛曹节不克，遂成党锢之祸，汉因以亡。”[②]

谢采伯认为，发生在桓灵之际的党锢之祸，是陈蕃、窦武等君子激怒曹节、王甫等小人造成的。虽然他认为，由于曹节等人存在，党锢之祸迟早要发生，但陈蕃等人谋诛宦官确是谋划不周，有一些意外的事情没有想到。孔子所谓的“春秋笔法”，责备贤者，是非常遗憾的事情。陈蕃年龄

① 《栾城集》卷八。

② 《密斋笔记》卷二。

已经八十有余（按：此时陈蕃年近八十，谢采伯说“陈蕃年八十余”，系误），人够老成的了，他考虑事情不会不周详，但诛杀曹节等宦官的行动不但没有成功，反而成了宦官挟私报复他的理由，因此导致了党锢之祸。这种论述不仅是以成败论英雄，而且是倒果为因。谢采伯把党锢之祸的原因归咎于陈蕃，更是搞错了对象。谢采伯还举唐人李训的例子，来证明其“汉唐之祸，激于君子，成于小人”之说，认为李训诛仇士良而不克，遂成“甘露之变”，唐自此亦亡。他说：“人皆知亡汉唐者由宦官，吾以为亡汉唐者蕃与训也。蕃、训之谋不萌，宦者虽用事，干紊朝纲，然变决不如是之亟，祸决不如是之酷，国决未至于遽亡，则为祸首者，蕃与训也。”这种说法完全本末倒置了。宦竖干政，乃国之大祸。任其发展，则是国将不国。东汉王朝即使不发生诛灭宦官之事，其国未尝不亡，其亡未必不速。

南宋吕中对陈蕃的评价，和谢采伯有点接近，他说：“陈蕃失于不密，遂激为朋党之变。”他认为，陈蕃谋诛宦官之事做得不够机密，他早早地把消息泄露出去，让曹节等宦竖做好了准备，陈蕃等反而被杀，从而造成了党锢之祸。在他看来，“远小人之法不可以不严，而去小人之几不可以不密”[①]。要远离小人，就应坚守原则，不与之来往；要想铲除小人，就要谋划周密、做事机密，不能像陈蕃那样，还没有动手，就公开宣布，给宦竖足够的时间反扑。所以，陈蕃之败，不仅在于他谋划不密，还在于他做事也不够机密。像陈蕃这样，还没有开战就早早地把底牌告诉对手，如果还能够取胜，那才是见鬼了。

明代学人归有光则认为陈蕃缺少深谋远虑，智慧不足。他认为，“任天下之事，贵乎善应天下之变；而非其才德之全，不足以当之”。干大事

① 《宋大事记讲义》卷八。

的人，负有天下之责的人，一定要善于应对各种变化。不能应变，则难以成就大事。而陈蕃身为太傅，所谓“任天下之事”。可是，陈蕃“处桓、灵之时，有清世之志，树立风声，抗论惛俗，为天下正人所依归。而宦竖操弄国权，浊乱海内；仲举与闻喜合谋诛废，以清朝廷，天下雄俊，莫不延颈企踵，以思奋其智力。而谋之不远，致太后有云台之迁，凶竖得志，士大夫皆丧其气，而邦国殄瘁矣”[①]。在归有光看来，陈蕃和窦武之所以失败，是因为“谋之不远”，眼光短浅，不能深谋远虑。陈蕃关键时刻能够挺身而出，为汉室献出生命，勇气固然可嘉，但他的智谋却难以让人恭维。

蔡东藩在《后汉演义》中对陈蕃多指责之辞，认为“陈蕃之死，其失在愚”。该书第五十五回“驱蠹贼失计反遭殃，感蛇妖进言终忤旨”回末评论这样写道：“窦武之死，其失在玩；陈蕃之死，其失在愚。彼曹节、王甫等，蟠踞宫廷，根深蒂固。太后嗣主，俱在若辈掌握之中；即使谋出万全，尚恐投鼠忌器，奈何事已发作，尚出轻心耶？”他认为，陈蕃之愚，表现在得知宫中事变之后，率领官属诸生硬闯承明门：“蕃与武密谋已久，仍不能为万全之计，至闻变以后，徒率官属诸生，持刃入承明门，岂寥寥八十余人，遂足诛锄阉党乎？诛阉不足，送死有余，何其愚也？”

从陈蕃、窦武铲除宦官之役的进程来看，窦武的品行并非完美无缺。尤其是曹节、王甫指责他的那些事儿，确实不是正直之臣应该做的。论起对汉室的功劳，窦武当然比不过陈蕃。陈蕃被封为高阳侯时，坚辞不受，最终还是推辞掉了；而窦武和其子窦机、侄子窦绍被封侯的时候，虽然没有多少功劳，却是心安理得地接受了。窦武为大将军，又是窦太后之父，封侯尚可理解。但他的儿子和侄子没有寸功，却被封为侯爵，如何服众？

---

① 《震川先生集》卷二下《河南策问对二道》。

让满朝文武百官会有怎样的感想？更为离谱的是，窦武和其子窦机，荒淫好色，竟然在已经遣散的汉桓帝宫女中把那些有姿色的截留下来几十个，供他们享乐。按照汉朝的律条，这是灭门之罪。窦武对钱财十分贪婪，依靠窦太后这棵大树，他大肆攫取财物，其贪婪程度比起那些宦官们有过之而无不及。陈蕃明知窦武在道德品行方面有诸多瑕疵，但窦武是窦太后之父，是手握兵权的大将军，更为重要的是，在铲除宦官方面，二人一拍即合。所以，一向清正廉洁、奉公守法的陈蕃，这一次眼里竟然能够容进沙子，容忍了窦武的种种非分之举。然而，窦武的这些致命伤，最终成了宦官攻击的靶子。而且，这些问题由宦官当众说出来后，窦武立刻就从道德制高点上摔了下来，成为众矢之的。陈蕃和窦武铲除宦官的正义之举，没有得到朝廷正直之士的广泛响应，与此有直接关系。

元代学人刘祁在评价东汉桓灵之际大臣的时候，接受了范晔的观点，且有所阐发。他说："及桓、灵之世，朝政淆乱，奸臣擅权，士风激厉，以敢为敢言相尚，故争树名节，袁安、杨震、李固、杜乔、陈蕃之徒抗于朝，郭泰、范滂、岑晊、张俭之徒议于野。国势虽亡，而公议具存，犹能使乱臣贼子有所畏忌。"[①]东汉桓、灵之下，宦官擅权，滥施淫威，皇帝有名无实，虽未改朝换代，实际上汉朝已是名存实亡。然而，就是在这种情况下，仍有一些像陈蕃这样敢于担当的大臣，在朝堂与宦竖做斗争；有郭泰那样的正直之士依靠民间清议监督时政。尽管他们改变不了汉室覆亡的命运，但有这些人在，还是让那些乱臣贼子有所畏惧，不敢太过嚣张。

清人王夫之在《读通鉴论》中，对窦武、陈蕃都有独到评价，他说："窦武、陈蕃杀，而汉之亡必不可支矣。陈蕃老矣，而诛权竖、安社稷、

---

① 《归潜志》卷十三。

扶进君子之心，不为少衰。惜乎不知择而托于窦氏也！”[①]王夫之对陈蕃的评价，可以用“所托非人”四字来概括。陈蕃的悲剧在于，他把国家的命运、自己的命运和窦武捆绑在一起，寄托在窦武身上。而窦武是怎么样一个人呢？从宦官曹节讨伐窦武时给窦武定的几条罪状来看，窦武自身确实有很大问题。即使曹节等人所列罪状有夸大之嫌，但从窦武为大将军之后的事来看，曹节所列罪状并非无根无据。所以，王夫之认为，行动失败不是窦武这个人有没有违背贤德的问题，而是窦武的一些做法阻挡了贤者之道。在这种情况下，陈蕃还把国家和自己的命运托付给窦武，真的所托非人了。王夫之对陈蕃之死表示深深的惋惜。

刚直立朝，千古忠臣

总体来看，历史上对陈蕃的评价可谓是毁誉参半。赞扬者认为，在汉末那样一种非常糟糕的历史环境下，陈蕃还能坚持操守，坚守志向，与干政弄权的宦竖做殊死的斗争，完全置个人生死荣辱于不顾。这是多么高尚的家国情怀！正是由于像陈蕃这样的贤者洁身自好，清正廉洁，敢于斗争，不怕牺牲，才使得东汉政权得以苟延残喘。其代表人物是范晔和刘宋时期的刘义庆。批评陈蕃的人，更多的是从铲除宦官之役失败来看陈蕃，认为陈蕃谋事不密，莽撞行事，所托非人，最后也承受了严重的后果。持这种观点的代表人物是名列“唐宋八大家”之一的苏辙。也有人对陈蕃少年时期所立“大丈夫当扫除天下”的志向进行质疑，认为“一屋不扫，何以扫天下”，并以陈蕃最终失败被杀作为证据。杨万里的诗歌《读陈蕃传》就反映出这种观点。

① 《读通鉴论》卷八《灵帝》之三。

评价陈蕃，既要结合陈蕃一生的作为，也要结合汉末这一特殊的历史文化环境。脱离这两点来看陈蕃，就容易失之偏颇。

陈蕃少年之时胸有大志，立志扫除天下。少年陈蕃为何会有这样的志向呢？假如东汉桓灵之世是朗朗乾坤，清明世界，国家富庶，社会安定，陈蕃何来扫除天下之志？所以，陈蕃这一志向，是与东汉末年特殊的政治、社会、文化环境相联系的。他虽然只是一个少年，但在名士辈出的汝南，他对天下大势还是有所了解的，对外戚和宦官干政，滥施淫威，欺君罔民，多少还是知道一些。由此来看，少年陈蕃的“大丈夫当扫除天下”之志是确有所指的。

陈蕃进入仕途的时候，正是东汉末年风云变幻之时。与那些凭借家族势力年纪轻轻就位居三公九卿的人相比，他在仕途上并没有多大优势。但是，他奉公守法，廉洁自律，心系国家和百姓，受到了百姓爱戴和朝廷重视。他从豫章太守任上奉诏回京出任尚书令时，已经接近花甲之年。此次回京之后，陈蕃一直身居要职。除了汉桓帝延熹九年（166），陈蕃因第一次党锢之祸而被暂时免除职务，在将近二十年的时间里，陈蕃一直是朝廷的重臣，尤其是出任太尉和太傅期间，陈蕃既要与宦官周旋，又想努力使国家回归正途。为此，他付出了巨大努力。在第一次党锢之祸爆发时，他甚至不惜与汉桓帝唱对台戏，拒绝签署逮捕李膺等人的逮捕令。在一个皇权至上的社会，陈蕃所能做的，也只有这样了。陈蕃被短暂免职后，被重新起用。由于他在立皇后这件事上出了大力，窦太后对他十分看重，任命他为太傅录尚书事，其职位类似于宰相。权力大了，担子也重了，对国家和百姓的那份责任感也就更强烈了。陈蕃想在有生之年干一件大事，那就是铲除宦竖，还汉室一个政治清明的环境。而大将军窦武也早有铲除宦官的想法。二人一拍即合，开始谋划此事。按常理说，陈蕃和窦武，一个掌握朝政，一个控制兵权，如果想做什么事，没有干不成的理儿。可是，事情的发展却是出乎意料，两个占有绝对优势的重臣，却因意外事变而先后被杀。

从道德角度来看，陈蕃几乎是一个“完人”。所以，当他得知宫中发生了政变，窦武被围于都亭的时候，陈蕃不可能作壁上观，他必须勇敢地站出来，策应窦武。如果侥幸能够成功，则不失为一大伟业。即便失败了，而且照当时的形势看，失败似乎是必然的，陈蕃也义无反顾，只能勇往直前。他不能失信于窦武，做一个没有信义的人。如果从这个角度看陈蕃硬闯承明门，也许就不会指责陈蕃“谋之不远”和“失之在愚”了。

陈蕃是接受儒家思想教育成长起来的，其长处在于守规矩，其弱点在于不知通权变。譬如汉桓帝让他联署抓捕李膺等人的逮捕令时，他不知道如何先与汉桓帝沟通，而是直接干脆拒绝联署。他之所以拒绝联署，是因为按照汉朝的制度，逮捕朝中大臣或要犯的时候，需要执掌兵权的太尉联合签署命令。他天真地认为：我陈蕃不签署，你们就没有办法逮捕李膺等人。可是，中国古代是皇权社会，皇上要干什么，难道还要看臣子的脸色？所以，汉桓帝一怒之下，就把陈蕃的职位给撤了。陈蕃虽然尽力了，但他终究没能阻挡住第一次党锢之祸的发生。

第二次党锢之祸的发生，与陈蕃有直接关系。本来，第一次党锢之祸发生后，经过贾彪、窦武、霍谞等人的努力，李膺等人已经被朝廷解除了禁锢。陈蕃出任太傅之后，也重新起用了李膺等正直之士。但是，陈蕃与窦武谋诛宦竖，使正直之士与宦竖之间的对立公开化、白热化。而陈蕃和窦武遇害后，李膺等七百多名“党人”则承担了第二次党锢之祸的极端后果。这件事是曹节、王甫等宦官所为，他们发布的一道道迫害“党人”的诏书，都是假托汉灵帝的旨意发布的。从司马光《资治通鉴》的一段记载，可以看出第二次党锢之祸实际上是曹节、王甫等宦竖有意为之。陈蕃、窦武被杀后，第二次党锢之祸爆发，李膺等被捕入狱。此时已升任大长秋的曹节为除后患，下令各个州郡对抓捕入狱的“党人”严加审讯，把漏网的“党人”也抓进来，称作“钩党”。这一年，汉灵帝刚刚14岁，看了曹节等人的上书，他不明白“钩党”什么意思，于是和曹节发生了一段对话：

> 初，李膺等虽废锢，天下士大夫皆高尚其道而污秽朝廷，希之者唯恐不及，更共相标榜。……大长秋曹节因此讽有司奏“诸钩党故司空虞放及李膺、杜密、朱寓、荀翌、翟超、刘儒、范滂等，请下州郡考治。”是时上年十四，问节等曰：“何以为钩党？”对曰：“钩党者，即党人也。”上曰：“党人何用为恶而欲诛之邪？”对曰：“皆相举群辈，欲为不轨。”上曰：“不轨欲何如？”对曰：“欲图社稷。”上乃可其奏。[①]

从这段对话中可以看出来，所谓“党人”，实际上是曹节等宦官打击正直之士的借口。李膺等正直之士品评时政，议论当权者，形成了颇有影响的社会舆论监督。曹节等宦竖要干预朝政，为非作歹，就要控制舆论，减轻舆论压力。为此，他们制造了“党人”这样一个词，把反对他们的人都归入“党人”范畴，进行无情打击。可是，他们的奏章要年幼的汉灵帝批准才行，而汉灵帝又不明白“党人”是什么意思，所以有了一系列的发问和对答。最后，曹节威胁说：“党人”要夺你的江山社稷！汉灵帝听说“党人”要夺他的江山社稷，当然不愿意，于是就批准了曹节等人的上书。这真是欲加之罪，何患无辞！

对比一下，谁是忠臣，谁是佞臣，一目了然。汉桓帝延熹四年（161），由于战争和灾荒，朝廷入不敷出，左右支绌。为缓解财政压力，汉桓帝采取卖官鬻爵的方式，把朝中官员职位公开标价，出钱多的人可以

---

① 《资治通鉴》卷五十六《汉纪四十八》。

得其官位。陈蕃当时在朝为官，对这种做法深恶痛绝，他上书朝廷，公开表示反对："昔明帝时，公主为子求郎，不许，赐钱千万。左右问之，帝曰：'郎，天官也。以当叙德，何可妄与人邪？'今陛下以郎比一把菜，臣以为反侧也。"意思是说汉明帝时，公主想为儿子求个郎官，汉明帝就是不答应。在汉明帝看来，朝廷的每一个官位，都是要凭德业和功劳才能获得的，不能轻易授予。所以，他宁可赐予公主的儿子千万钱，也不赐给他一个郎官的官位。显而易见，郎官的官位比千万钱还要贵重。而汉桓帝却认为郎官是朝中低层次的官员，便以"一把菜"的价钱出售。陈蕃认为这样很不合适，用"臣以为反侧也"来表示自己强烈的不满。

曹节、王甫等宦官凭借他们可以随意出入宫掖的便利条件，对汉灵帝采取欺瞒的办法，以满足他们的私欲，达到他们不可告人的目的；陈蕃则是以满心的家国情怀看待朝政得失，对不合适的、不合理的事情，他总是敢于直言进谏，敢于亮明自己的观点，明确表达出反对意见。这才是真正的忠臣、诤臣，对国家和百姓负责任的大臣。

陈蕃的一生，有成功，有失败，有瑕疵，有遗憾。但无论怎样，对于他的汝南乡党来说，陈蕃都是一位值得引以为豪的乡贤。他身居陋室，竟然发出了"大丈夫当扫除天下"的豪言壮语；进入仕途之后，他始终是一个勇往直前的斗士，是汉室的忠臣和诤臣。东汉时期，汝南郡名士如林，曾有"汝南名士半朝廷"之说。就是在这样的背景下，出身寒门的陈蕃却能一枝独秀，给当时和后世都留下了永远的芬芳。

驳讨零陵桂阳山贼及州郡一切得孝廉茂才疏

昔高祖创业，万邦息肩，抚养百姓，同之赤子。今二郡之民，说陛下赤子也。致令赤子为害，岂非所在贪虐，使其然乎？宜严敕三府，隐核牧守令长，其有在政失和，侵暴百姓者，即便举奏，更选清贤奉公之人，能班宣法令、情在爱惠者，可不劳王师而群贼弭息矣。又三署郎吏二千余人，三府掾属过限未除，但当择善而授之，简恶而去之。岂烦一切之诏，以长请属之路乎！（《后汉书·陈蕃传》）

荐徐穉等疏

臣闻善人天地之纪，政之所由也。《诗》云："思皇多士，生此王国。"天挺俊乂，为陛下出，当辅弼明时，左右大业者也。伏见处士豫章徐穉、彭城姜肱、汝南袁闳、京兆韦著、颍川李昙，德行纯备，著于民听。若使擢登三事，协亮天工，必能翼宣盛美，增光日月矣。（《后汉书·徐穉传》）

救李云疏

李云所言，虽不识禁忌，干上逆旨，其意归于忧国，但违将顺之礼。礼讥暴谏，然亦有狂狷愚忠，不顾诛族之祸者，古今有之。是以高祖忍周昌不讳之言，孝成皇帝赦朱云腰领之诛。二主非不忿此二臣，以忠不思难，皆不罪之。今日杀李云，臣恐剖心之讥

复议于世也。故敢触龙鳞，冒昧以请。（《后汉书 · 李云传》）

谏封赏内宠疏

臣闻：有事社稷者，社稷是为；有事人君者，容悦是为。今臣蒙恩圣朝，备位九列，见非不谏，则容悦也。夫诸侯上象四七，垂烁在天；下应分土，藩屏上国。高祖之约，非功臣不侯。而闻追录河南尹邓万世父遵之微功，更爵尚书令黄隽先人之绝封，近习以非义授邑，左右以无功传赏，授位不料其任，裂土莫纪其功，至乃一门之内，侯者数人。故纬象失度，阴阳谬序，稼用不成，民用不康。臣知封事已行，言之无及，诚欲陛下从是而止。又比年收敛，十伤五六，万人饥寒，不聊生活，而采女数千，食肉衣绮，脂油粉黛，不可赀计。鄙谚云“盗不过五女门”，以女贫家也。今后宫之女，岂不贫国乎！是以倾宫嫁而天下化，楚女悲而西宫灾。且聚而不御，必生忧悲之感，以致并隔水旱之困。夫狱以禁止奸违，官以称才理物。若法亏于平，官失其人，则王道有缺。而令天下之论，皆谓狱由怨起，爵以贿成。夫不有臭秽，则苍蝇不飞。陛下宜采求失得，择从忠善。尺一选举，委尚书三公，使褒责诛赏，各有所归，岂不幸甚！（《后汉书 · 陈蕃传》）

谏幸广城校猎疏

臣闻：人君有事苑囿，唯仲秋西郊，顺时讲武，杀禽助祭，以敦孝敬。如或违此，则为肆纵。故皋陶戒舜无教逸游，周公戒成王无盘于游田。虞舜、成王，犹有此戒，况德不及二主者乎！夫安平之时，尚宜有节。况当今之世，有三空之戹！田野空，朝廷空，仓库空，是谓三空。加兵戎未戢，四方离散。是陛下焦心毁颜，坐以待旦之时也。岂宜扬旗曜武，骋心舆马之观乎？又前秋多雨，民始种麦。今失其劝种之时，而令给驱禽除路之役，非贤圣恤民之意也。齐景公欲观于海，放乎琅邪，晏子为陈百姓恶闻旌旗舆马之音，举首颦眉之感，景公为之不行。周穆王欲肆车辙马迹，祭公谋父为诵《祈招》之诗，以止其心。诚恶逸游之害也。（《后汉书·陈蕃传》）

让太尉疏

不愆不忘，率由旧章，臣不如太常胡广；齐七政，训五典，臣不如议郎王畅；聪明亮达，文武兼资，臣不如弃刑徒李膺。（《后汉书·陈蕃传》）

又让太尉疏

臣闻：昔齐桓公任管仲，将正诸侯，先为政令。今寇贼在外，四肢之疾耳。臣窃寝不能寐，食不能饱，忧陛下内政未治，忠言日疏。前梁冀、五侯弄权，天启陛下收而戮之。当时天下，号为小清。其前鉴未远，旋起覆车之轨矣。往年地动、日蚀、火灾，皆阴盛之应，愿陛下割塞左右豫政之原，引纳尚书朝省之事，简练高洁，斥退佞邪。如此则天和于上，地洽于下矣。从陛下践阼以来，大臣谁敢举左右之罪？往者申屠嘉召邓通，文帝遣诣嘉府，乃从而请之，三公之职，何所不统？但今左右骄忿，欲令三公不得举笔。臣蕃今擢自闾阎，特为陛下日月所照，奈何受恩如臣，而当避难苟生，不敢正言。陛下虽厌毒臣言，人主有自勉强。（《后汉纪》卷二十二）

因火灾上疏

古之火，皆君弱臣强，极阴之变也。前始春而狱刑惨，故火不炎上。前入春节连寒，水冰，暴风折树，又八九州郡并言陨霜杀菽。《春秋》“晋执季孙行父，木为之冰。”夫气弘则景星见，化错则五星开，日月

蚀。灾为已然，异为方来，恐卒有变，必于三朝，唯善政可以已之。愿察臣前言，不弃愚忠，则元元幸甚。（《东汉文纪》卷十七）

谏请刘瓆等疏

臣闻齐桓修霸，务为内政；《春秋》于鲁，小恶必书。宜先自整敕，后以及人。今寇贼在外，四支之疾；内政不理，心腹之患。臣寝不能寐，食不能饱。实忧左右日亲，忠言以疏，内患渐积，外难方深。陛下超从列侯，继承天位。小家畜产百万之资，子孙尚耻愧失其先业，况乃产兼天下，受之先帝，而欲懈怠以自轻忽乎？诚不爱已，不当念先帝得之勤苦耶？前梁氏五侯，毒遍海内。天启圣意，收而戮之。天下之议，冀当小平。明鉴未远，覆车如昨。而近习之权，复相扇结。小黄门赵津，大猾张汜等，肆行贪虐，奸媚左右。前太原太守刘瓆、南阳太守成瑨纠而戮之，虽言赦后不当诛杀，原其诚心，在乎去恶。至于陛下，有何悁悁？而小人道长，营惑圣听，遂使天威为之发怒。如加刑谪，已为过甚，况乃重罚，令伏欧刀乎！又，前山阳太守翟超、东海相黄浮，奉公不挠，疾恶如仇。超没侯览财物，浮诛徐宣之罪，并蒙刑坐，不逢赦恕。览之从横，没财已幸；宣犯衅过，死有余辜。昔丞相申屠嘉召责邓通，洛阳令董宣折辱公主，而文帝从而请之，光武加以重赏，未闻二臣有专命之诛。而今左右群竖，恶伤党类，妄相交构，致此刑谴。闻臣是言，当复啼诉。陛下深宜割塞近习豫政之源，引纳尚书朝省之事，公卿大官，五日一朝，简练清高，斥黜佞邪。如是天和于上，地洽于下，休祯符瑞，岂远乎哉！陛下虽厌毒臣言，凡人主有自勉强，敢以死陈。（《后汉书·陈蕃传》）

极谏党事疏

臣闻：贤明之君，委心辅佐。亡国之主，讳闻直辞。故汤武虽圣，而兴于伊吕；桀纣迷惑，亡在失人。由此言之，君为元首，臣为股肱。同体相须，共成美恶者也。伏见前司隶校尉李膺、太仆杜密、太尉掾范滂等，正身无玷，死心社稷。以忠忤旨，横加考案。或禁锢闭隔，或死徙非所。杜塞天下之口，聋盲一世之人。与秦焚书坑儒，何以为异？昔武王克殷，表闾封墓。今陛下临政，先诛忠贤。遇善何薄，待恶何优？夫谗人似实，巧言如簧，使听之者惑，视之者昏。夫吉凶之效，存乎识善；成败之机，在于察言。人君者，摄天地之政，秉四海之维。举动不可以违圣法，进退不可以离道规。谬言出口，则乱及八方。何况髡无罪于狱，杀无辜于市乎？昔禹巡狩苍梧，见市杀人，下车而哭之曰："万方有罪，在予一人。"故其兴也勃焉。又青徐炎旱，五谷损伤。民物流迁，茹菽不足。而宫女积于房掖，国用尽于罗纨。外戚私门，贪财受赂。所谓禄去公室，政在大夫。昔春秋之末，周德衰微，数十年间无复灾眚者，天所弃也。天之于汉，悢悢无已，故殷勤示变，以悟陛下。除妖去孽，实在修德。臣位列台司，忧责深重，不敢尸禄惜生，坐观成败。如蒙采录，使身首分裂，异门而出，所不恨也。（《后汉书·陈蕃传》）

让封高阳侯疏

使者即臣庐，授高阳乡侯印绶。臣诚悼心，不知所裁。臣闻，让身之文，德之昭也，然不敢盗以为名。窃惟割地之封，功德是为。臣熟自思省，前后历职，无它异能。合亦食禄，不合亦食禄。臣虽无素洁之行，窃慕"君子不以其道，得之不居也"。若受爵不让，掩面就之。使皇天震怒，灾流下民，于臣之身，亦何所寄？顾惟陛下哀臣朽老，戒之在得。（《后汉书·陈蕃传》）

上窦太后疏

臣闻：言不置而行不正，则为欺乎天而负乎人。危言极意，则群凶侧目，祸不旋踵。钧此二者，臣宁得祸，不敢欺天也。今京师嚣嚣，道路喧哗，言侯览、曹节、公乘昕、王甫、郑飒等与赵夫人诸女尚书并乱天下。附从者升进，忤逆者中伤。方今一朝群臣，如河中木耳，泛泛东西，耽禄畏害。陛下前始摄位，顺天行诛，苏康、管霸，并伏其辜。是时天地清明，人鬼欢喜，奈何数月复纵左右？元恶大奸，莫此之甚。今不急诛，必生变乱，倾危社稷，其祸难量。愿出臣章，宣示左右，并令天下诸奸，知臣疾之。（《后汉书·陈蕃传》）

上书

昔明帝时，公主为子求郎，不许，赐钱千万。左右问之，帝曰："郎，天官也。以当叙德，何可妄与人耶！"今陛下以郎比一把菜，臣以为反侧也。（《太平御览》卷二百十五引《汝南先贤传》）

责诸尚书书

古人立节，事亡如存。今帝祚未立，政事日蹙。诸君奈何委荼蓼之苦，息偃在床？于义不足，焉得仁乎！（《后汉书·陈蕃传》）

陈蕃字仲举，汝南平舆人也。祖河东太守。蕃年十五，尝闲处一室，而庭宇芜秽。父友同郡薛勤来候之，谓蕃曰："孺子何不洒扫以待宾客？"蕃曰："大丈夫处世，当扫除天下，安事一室乎！"勤知其有清世志，甚奇之。

初仕郡，举孝廉，除郎中。遭母忧，弃官行丧。服阕，刺史周景辟别驾从事。以谏争不合，投传而去。后公府辟举方正，皆不就。

太尉李固表荐，征拜议郎，再迁为乐安太守。时李膺为青州刺史，名有威政，属城闻风，皆自引去，蕃独以清绩留。郡人周璆，高洁之士。前后郡守招命莫肯至，唯蕃能致焉。字而不名，特为置一榻，去则县之。璆字孟玉，临济人，有美名。民有赵宣葬亲而不闭埏隧，因居其中，行服二十余年，乡邑称孝，州郡数礼请之。郡内以荐蕃，蕃与相见，问及妻子，而宣五子皆服中所生。蕃大怒曰："圣人制礼，贤者俯就，不肖企及。且祭不欲数，以其易黩故也。况乃寝宿冢藏，而孕育其中，诳时惑众，诬污鬼神乎？"遂致其罪。

大将军梁冀威震天下，时遣书诣蕃，有所请托，不得通，使者诈求谒，蕃怒，笞杀之，坐左转修武令。稍迁，拜尚书。

时零陵、桂阳山贼为害，公卿议遣讨之。又诏下州郡，一切皆得举孝廉、茂才。蕃上疏驳之曰："昔高祖创业，万邦息肩，抚养百姓，同之赤子。今二郡之民，亦陛下赤子也。致令赤子为害，岂非所在贪虐，使其然乎？宜严敕三府，隐核牧守令长，其有在政失和，侵暴百姓者，即便举奏，更选清贤奉公之人，能班宣法令情在爱惠者，可不劳王师，而群贼弭息矣。又三署郎吏二千余人，三府掾属过限未除，但当择善而授之，简恶而去之。岂烦一切之诏，以长请属之路乎！”以此忤左右，故出为豫章太守。性方峻，不接宾客，士民亦畏其高。征为尚书令，送者不出郭门。

迁大鸿胪。会白马令李云抗疏谏，桓帝怒，当伏重诛。蕃上书救云，坐免归田里。

复征拜议郎，数日迁光禄勋。时封赏逾制，内宠猥盛，蕃乃上疏谏曰：“臣闻有事社稷者，社稷是为；有事人君者，容悦是为。今臣蒙恩圣朝，备位九列，见非不谏，则容悦也。夫诸侯上象四七，垂耀在天，下应分土，藩屏上国。高祖之约，非功臣不侯。而闻追录河南尹邓万世父遵之微功，更爵尚书令黄儁先人之绝封，近习以非义授邑，左右以无功传赏，授位不料其任，裂土莫纪其功，至乃一门之内，侯者数人，故纬象失度，阴阳谬序，稼用不成，民用不康。臣知封事已行，言之无及，诚欲陛下从是而止。又比年收敛，十伤五六，万人饥寒，不聊生活。而采女数千，食肉衣绮，脂油粉黛，不可赀计。鄙谚言‘盗不过五女门’，以女贫家也。今后宫之女，岂不贫国乎！是以倾宫嫁而天下化，楚女悲而西宫灾。且聚而不御，必生忧悲之感，以致并隔水旱之困。夫狱以禁止奸违，官以称才理物。若法亏于平，官失其人，则王道有缺。而令天下之论，皆谓狱由怨起，爵以贿成。夫不有臭秽，则苍蝇不飞。陛下宜采求失得，择从忠善。尺一选举，委尚书三公，使褒责诛赏，各有所归，岂不幸甚！”帝颇纳其言，为出宫女五百余人，但赐儁爵关内侯，而万世南乡侯。

延熹六年，车驾幸广城校猎。蕃上疏谏曰：“臣闻人君有事于苑囿，唯仲秋西郊，顺时讲武，杀禽助祭，以敦孝敬。如或违此，则为肆纵。故皋陶戒舜‘无教逸游’，周公戒成王‘无槃于游田’。虞舜、成王犹有此戒，况德不及二主者乎！夫安平之时，尚宜有节，况当今之世，有三空之厄哉！田野空，朝廷空，仓库空，是谓三空。加兵戎未戢，四方离散，是陛下焦心毁颜，坐以待旦之时也。岂宜扬旗曜武，骋心舆马之观乎！又秋前多雨，民始种麦。今失其劝种之时，而令给驱禽除路之役，非贤圣恤民之意也。齐景公欲观于海，放乎琅邪，晏子为陈百姓恶闻旌旗舆马之音，举首颦眉之感，景公为之不行。周穆王欲肆车辙马迹，祭公谋父为诵《祈招》之诗，以止其心。诚恶逸游之害人也。”书奏不纳。

自蕃为光禄勋，与五官中郎将黄琬共典选举，不偏权富，而为势家郎所谮诉，坐免归。顷之，征为尚书仆射，转太中大夫。八年，代杨秉为太尉。蕃让曰：“‘不愆不忘，率由旧章’，臣不如太常胡广。齐七政，训五典，臣不如议郎王畅。聪明亮达，文武兼姿，臣不如弛刑徒李膺。”帝不许。

中常侍苏康、管霸等复被任用，遂排陷忠良，共相阿媚。大司农刘祐、廷尉冯绲、河南尹李膺，皆以忤旨，为之抵罪。蕃因朝会，固理膺等，请加原宥，升之爵任。言及反复，诚辞恳切。帝不听，因流涕而起。时小黄门赵津、南阳大猾张汜等，奉事中官，乘势犯法，二郡太守刘瓆、成瑨考案其罪，虽经赦令，而并竟考杀之。宦官怨恚，有司承旨，遂奏瓆、瑨罪当弃市。又山阳太守翟超，没入中常侍侯览财产，东海相黄浮，诛杀下邳令徐宣，超、浮并坐髡钳，输作左校。蕃与司徒刘矩、司空刘茂共谏请瓆、瑨、超、浮等，帝不悦。有司劾奏之，矩、茂不敢复言。蕃乃独上疏曰：“臣闻齐桓修霸，务为内政；《春秋》于鲁，小恶必书。宜先自整敕，后以及人。今寇贼在外，四支之疾；内政不理，心腹之患。臣寝不能寐，食不能饱，实忧左右日亲，忠言以疏，内患渐积，外难方深。陛下超从列侯，继承天位。小家畜产百万之资，子孙尚耻愧失其先业，况乃产兼天下，受之先帝，而欲懈怠以自轻忽乎？诚不爱己，不当念先帝得之勤苦邪？前梁氏五侯，毒遍海内，天启圣意，收而戮之，天下之议，冀当小平。明鉴未远，覆车如昨，而近习之权，复相扇结。小黄门赵津、大猾张汜等，肆行贪虐，奸媚左右，前太原太守刘瓆、南阳太守成瑨，纠而戮之。虽言赦后不当诛杀，原其诚心，在乎去恶。至于陛下，有何悁悁？而小人道长，营惑圣听，遂使天威为之发怒。如加刑谪，已为过甚，况乃重罚，令伏欧刀乎！又前山阳太守翟超、东海相黄浮，奉公不挠，疾恶如仇，超没侯览财物，浮诛徐宣之罪，并蒙刑坐，不逢赦恕，览之从横，没财已幸；宣犯衅过，死有余辜。昔丞相申屠嘉召责邓通，洛阳令董宣折辱公主，而文帝从而请之，光武加以重赏，未闻二臣有专命之诛。而今左右群竖，恶伤党类，妄相交构，致此刑谴。闻臣是言，当复啼诉。陛下深宜割塞近习豫政之源，引纳尚书朝省之事，公卿大官，五日一朝，简练清高，斥黜佞邪。如是天和于上，地洽于下，休祯符瑞，岂远乎哉！陛下虽厌毒臣言，凡人主有自勉强，敢以死陈。”帝得奏愈怒，竟无所纳。朝廷众庶莫不怨之。宦官由此疾蕃弥甚，选举奏议，辄以中诏谴却，长史已下多至抵罪。犹以蕃名臣，不敢加害。瓆字文理，高唐人。瑨字幼平，陕人。并有经术称，处位敢直言，多所搏击，知名当时，皆死于狱中。

九年，李膺等以党事下狱考实。蕃因上疏极谏曰：“臣闻贤明之君，委心辅佐；亡国之主，讳闻直辞。故汤武虽圣，而兴于伊吕；桀纣迷惑，亡在失人。由此言之，君为元首，臣为股肱，同体相须，其成美恶者也。伏见前司隶校尉李膺、太仆杜密、太尉掾范滂等，正身无玷，死心社稷。以忠忤旨，横加考案，或禁锢闭隔，或死徙非所。杜塞天下之口，聋盲一世之人，与秦焚书坑儒，何以为异？昔武王克殷，表闾封墓。今陛下临政，先诛忠贤。遇善何薄？待恶何优？夫谗人似实，巧言如簧，使听之者惑，视之者昏。夫吉凶之效，存乎识善；成败之机，在于察言。人君者，摄天地之政，秉四海之维，举动不可以违圣法，进退不可以离道规。谬言出口，则乱及八方，何况髡无罪于狱，杀无辜于市乎！昔禹巡狩苍梧，见市杀人，下车而哭之曰：‘万方有罪，在予一人！’故其兴也勃焉。又青、徐炎旱，五谷损伤，民物流迁，茹菽不足。而宫女积于房掖，国用尽于罗纨，外戚私门，贪财受赂，所谓‘禄去公室，政在大夫’。昔春秋之末，周德衰微，数十年间无复灾眚者，天所弃也。天之于汉，悢悢无已，故殷勤示变，以悟陛下。除妖去孽，实在修德。臣位列台司，忧责深重，不敢尸禄惜生，坐观成败。如蒙采录，使身首分裂，异门而出，所不恨也。”帝讳其言切，托以蕃辟召非其人，遂策免之。

永康元年，帝崩。窦后临朝，诏曰：“夫民生树君，使司牧之，必须良佐，以固王业。前太尉陈蕃，忠清直亮。其以蕃为太傅，录尚书事。”时新遭大丧，国嗣未立，诸尚书畏惧权官，托病不朝。蕃以书责之曰：“古人立节，事亡如存。今帝祚未立，政事日蹙，诸君奈何委荼蓼之苦，息偃在床？于义不足，焉得仁乎！”诸尚书惶怖，皆起视事。

灵帝即位，窦太后复优诏蕃曰：“盖褒功以劝善，表义以厉俗，无德不报，《大雅》所叹。太傅陈蕃，辅弼先帝，出内累年。忠孝之美，德冠本朝；謇谔之操，华首弥固。今封蕃高阳乡侯，食邑三百户。”蕃上疏让曰：“使者即臣庐，授高阳乡侯印绶，臣诚悼心，不知所裁。臣闻，让身之文，德之昭也，然不敢盗以为名。窃惟割地之封，功德是为。臣孰自思省，前后历职，无它异能，合亦食禄，不合亦食禄。臣虽无素洁之行，窃慕‘君子不以其道得之，不居也’。若受爵不让，掩面就之，使皇天震怒，灾流下民，于臣之身，亦何所寄？顾惟陛下哀臣朽老，戒之在得。”窦太后不许，蕃复固让，章前后十上，竟不受封。

初，桓帝欲立所幸田贵人为皇后。蕃以田氏卑微，窦族良家，争之甚固。帝不得已，乃立窦后。及后临朝，故委用于蕃。蕃与后父大将军窦武，同心尽力，征用名贤，共参政事，天下之士，莫不延颈想望太平。而帝乳母赵娆，旦夕在太后侧，中常侍曹节、王甫等与共交构，谄事太后。太后信之，数出诏命，有所封拜，及其支类，多行贪虐。蕃常疾之，志诛中官，会窦武亦有谋。蕃自以既从人望，而德于太后，必谓其志可申，乃先上疏曰："臣闻言不直而行不正，则为欺乎天而负乎人。危言极意，则群凶侧目，祸不旋踵。钧此二者，臣宁得祸，不敢欺天也。今京师嚣嚣，道路喧哗，言侯览、曹节、公乘昕、王甫、郑飒等与赵夫人诸女尚书并乱天下。附从者升进，忤逆者中伤。方今一朝群臣，如河中木耳，泛泛东西，耽禄畏害。陛下前始摄位，顺天行诛，苏康、管霸并伏其辜。是时天地清明，人鬼欢喜，奈何数月复纵左右？元恶大奸，莫此之甚。今不急诛，必生变乱，倾危社稷，其祸难量。愿出臣章宣示左右，并令天下诸奸知臣疾之。"太后不纳，朝廷闻者莫不震恐。蕃因与窦武谋之，语在《武传》。

及事泄，曹节等矫诏诛武等。蕃时年七十余，闻难作，将官属诸生八十余人，并拔刃突入承明门，攘臂呼曰："大将军忠以卫国，黄门反逆，何云窦氏不道邪？"王甫时出，与蕃相迕，适闻其言，而让蕃曰："先帝新弃天下，山陵未成，窦武何功，兄弟父子，一门三侯？又多取掖庭宫人，作乐饮燕，旬月之间，赀财亿计。大臣若此，是为道邪？公为栋梁，枉挠阿党，复焉求贼！"遂令收蕃。蕃拔剑叱甫，甫兵不敢近，乃益人围之数十重，遂执蕃送黄门北寺狱。黄门从官驺蹋踧蕃曰："死老魅！复能损我曹员数，夺我曹禀假不？"即日害之。徙其家属于比景，宗族、门生、故吏皆斥免禁锢。

蕃友人陈留朱震，时为铚令，闻而弃官哭之，收葬蕃尸，匿其子逸于甘陵界中。事觉系狱，合门桎梏。震受考掠，誓死不言，故逸得免。后黄巾贼起，大赦党人，乃追还逸，官至鲁相。

震字伯厚，初为州从事，奏济阴太守单匡臧罪，并连匡兄中常侍车骑将军超。桓帝收匡下廷尉，以谴超，超诣狱谢。三府谚曰：“车如鸡栖马如狗，疾恶如风朱伯厚。”

论曰：桓、灵之世，若陈蕃之徒，咸能树立风声，抗论惛俗。而驱驰崄厄之中，与刑人腐夫同朝争衡，终取灭亡之祸者，彼非不能洁情志，违埃雾也。愍夫世士以离俗为高，而人伦莫相恤也。以遁世为非义，故屡退而不去；以仁心为己任，虽道远而弥厉。及遭际会，协策窦武，自谓万世一遇也。懔懔乎伊、望之业矣！功虽不终，然其信义足以携持民心。汉世乱而不亡，百余年间，数公之力也。

（《后汉书》卷六十六《陈王列传》）

主要参考文献

1.左丘明.左传[M].上海：上海古籍出版社，2016.

2.司马迁.史记[M].北京：中华书局，1959.

3.班固.汉书[M].北京：中华书局，1962.

4.范晔.后汉书[M].北京：中华书局，1965.

5.袁宏.后汉纪[M].文渊阁四库全书本.

6.郝经.郝氏续后汉书九十卷[M].文渊阁四库全书本.

7.陈寿.三国志[M].北京：中华书局，1962.

8.杭世骏.三国志补注[M].北京：商务印书馆，1937.

9.房玄龄，等.晋书[M].北京：中华书局，1996.

10.李延寿.南史[M].北京：中华书局，1975.

11.刘义庆.世说新语[M].刘孝标注.文渊阁四库全书本.

12.杜佑.通典[M].文渊阁四库全书本.

13.司马光.资治通鉴[M].北京：中华书局，1956.

14.李昉,等.太平御览[M].北京：中华书局，1998.

15.李昉,等.太平广记[M].北京：中华书局，1961.

16.乐史.太平寰宇记[M].北京：中华书局，2007.

17.郑樵.通志[M].北京：中华书局，1987.

18.袁枢.通鉴纪事本末[M].北京：中华书局，2015.

19.马端临.文献通考[M].北京：中华书局，1986.

20.上海古籍出版社.二十二子[M].上海：上海古籍出版社，1986.

21.吕友仁.汝南先贤传辑本注译[M].郑州：中州古籍出版社，2015.

22.赵蕤.长短经[M]. 北京：中华书局，2010.

23.苏辙.栾城后集[M].文渊阁四库全书本.

24.吕中.宋大事记讲义[M].文渊阁四库全书本.

25.杨万里.诚斋集[M].文渊阁四库全书本.

26.谢采伯.密斋笔记[M].文渊阁四库全书本.

27.刘祁.归潜志[M]. 北京：中华书局，1983.

28.王夫之.读通鉴论[M].北京：中华书局，2004.

29.归有光.震川集[M].长春：吉林出版集团有限公司，2005.

30.蔡东藩.后汉演义[M].北京：文化艺术出版社，2004.

31.刘汝霖.汉晋学术编年[M].上海：华东师范大学出版社，2010.

32.陆侃如.中古文学系年[M].北京：人民文学出版社，1985.

33.罗宗强.玄学与魏晋士人心态[M].天津：天津教育出版社，2005.

34.朱子彦.论东汉党锢的缘起与党人失败原因[J].史学集刊，2012(2).

35.王煜焜.后汉“党锢之祸”起因新探[J].唐都学刊，2013（1）.

36.秦蓁.溯源与追忆：东汉党锢新论[J].史林，2008（3）.

37.边家珍.汉末党祸与经学教育[J].河北学刊，2007（3）.

38.肖黎.论东汉党锢之祸[J].湘潭大学社会科学学报，1982（4）.

39.刘康德.论东汉魏晋名士的清议与清谈[J].探索与争鸣，1990（6）.